Thomas Schweer · Hermann Strasser

Cocas Fluch

Für Jana, Mark und Sandra

Thomas Schweer · Hermann Strasser

Cocas Fluch

Die gesellschaftliche Karriere des Kokains

Westdeutscher Verlag

Der Westdeutsche Verlag ist ein Unternehmen der Verlagsgruppe Bertelsmann International.

Umschlaggestaltung: Horst Dieter Bürkle, Darmstadt
Umschlagbild: Coca-Pflanze; Kokain-Dosierspender; (BKA, Wiesbaden)

Gedruckt auf säurefreiem Papier

ISBN 978-3-531-12585-5 ISBN 978-3-322-92470-4 (eBook)
DOI 10.1007/978-3-322-92470-4

VORWORT

1984 warnte *Der Spiegel* in seiner Ausgabe vom 21. Mai, daß der Bundesrepublik eine Kokainschwemme bevorstehe. Die journalistische Prophezeiung scheint zehn Jahre später bittere Realität zu werden. Kokain gewinnt in der bundesdeutschen Rauschgiftszene zunehmend an Bedeutung. Im Jahre 1992 stellten die Fahnder 1.332 Kilogramm der Droge sicher. Bei einer polizeilichen Abfangquote von höchstens 10 % kann davon ausgegangen werden, daß 1992 über dreizehn Tonnen des weißen Pulvers Deutschlands Grenzen passiert haben. Genug Stoff für Deutschlands Kokser!?

In den Vereinigten Staaten von Amerika hat sich der Kokainkonsum mittlerweile zu einer wahren Seuche entwickelt. Ein Millionenheer von Süchtigen und Gelegenheitskonsumenten verursacht jährlich volkswirtschaftliche Schäden in Milliardenhöhe. Insbesondere das Kokainderivat Crack hat Amerikas Metropolen in wahre Schlachtfelder verwandelt und zu einem drastischen Anstieg der drogenbedingten Gewaltkriminalität geführt. Die amerikanische Justiz droht zu kollabieren, der Kampf gegen die Drogenpest hat schon kriegsähnliche Zustände angenommen. Droht uns ein ähnliches Schicksal?

Der illegale Drogenkonsum stellt auch in der Bundesrepublik Deutschland ein ernstzunehmendes gesellschaftliches Problem dar. Während 1973 106 Drogentote gezählt wurden, starben 1992 2.099 Menschen den Drogentod. Auf 120.000 schätzen Experten die Zahl der Konsumenten harter Drogen. Aber Rauschgiftmißbrauch ruiniert nicht nur die Gesundheit und Existenz zahlreicher Menschen, er läßt auch Milliarden in die Taschen organisierter Gangstersyndikate fließen. Jährlich werden weltweit illegale Drogen im Wert von 500 Milliarden Dollar umgesetzt. Davon entfallen allein 150 Milliarden auf die Droge Kokain. Das sind Zahlen und Daten, mit denen der Normalbürger kaum etwas anzufangen weiß. Dahinter stehen aber Millionen Schicksale einzelner Menschen und ganzer Familien, die ihre Drogenprobleme körperlich, seelisch, finanziell und gesellschaftlich bewältigen müssen. Diese Probleme haben inzwischen Dimensionen angenommen, die unsere Gesellschaft, ja unsere Welt in Gefahr bringen können.

Weil Kokain dabei eine entscheidende Rolle spielt und Deutschland zunehmend ins Visier der Kokainmafia gerät, haben wir dieses Buch geschrieben. Es soll vor allem informieren und leicht lesbar sein, deshalb haben wir auf jeden wissenschaftlichen Apparat verzichtet. Der interessierte Leser wird im Literaturanhang unseren Quellen leicht nachspüren können. Gestützt auf die einschlägige Literatur, auf Verlautbarungen des Bundeskriminalamtes sowie Recherchen der Magazine *Der Spiegel* und *Stern*, mußten wir uns in vielen Fällen mit Schätzungen zufrieden geben, die manchmal noch dazu mit dem Makel hoher Dunkelziffern behaftet waren. Sie sollen daher nur als illustrative Beispiele verstanden werden.

Wir wollen mit unseren Überlegungen und Illustrationen kein Horrorszenario entwerfen, auch nicht vorschnell verdammen und schon gar nicht Patentrezepte anbieten. Gerade die Beispiele von Alkohol und Nikotin und mehr noch die der illegalen Rauschgifte zeigen, daß Drogen an sich weder gut noch schlecht sind. Die Menschen machen sie zu dem, was sie in den Augen der Gesellschaft sind. Ob sie eine Karriere als Heil- oder Unheilmittel einschlagen, hängt aber entscheidend von den Individuen und Gruppen ab, die sie gebrauchen.

Auch der Mißbrauch des Kokains hat seine Karriere. Sie wünschen wir am allerwenigsten Jana, Mark und Sandra, denen wir dieses Buch widmen.

Duisburg, den 1. September 1993

Thomas Schweer
Hermann Strasser

INHALT

LISTE DER TABELLEN

1. KOKA

Kokain gewinnt man aus den Blättern des Kokastrauches. Der Kokastrauch - botanische Bezeichnung: *Erythroxylon coca* - gehört zur Familie der *Erythroxylaceen*. Die Gattung *Erythroxylon* umfaßt 250 verschiedene Arten, wovon ein Großteil in den tropischen Gefilden der Ostanden, der Karibik und des Amazonas heimisch ist. Es werden aber lediglich zwei Spezies kultiviert, da nur sie das Alkaloid Kokain enthalten: die *Erythroxylon coca* und die *Erythroxylon novogranatense*. Aufgrund ihres höheren Anteils an Kokain ist der Anbau der *Erythroxylon coca* ökonomisch effizienter. Dafür sind die Blätter der *Erythroxylon novogranatense* wegen ihres süßlicheren Geschmacks geeigneter für den Kaugenuß.

Daneben wächst Koka u.a. auf Java, Ceylon und Indonesien. Der Kokaanbau außerhalb der Andenländer ist aber für den internationalen Drogenhandel bedeutungslos.

Der pyramidenförmige, fast baumartige Kokastrauch erreicht wildwachsend eine Höhe von über fünf Metern. Aus Gründen der besseren Erträge und Erntemöglichkeiten wird der Strauch in Kulturen jedoch regelmäßig auf eine Höhe von unter drei Metern herabgestutzt. Charakteristisch für die Kokapflanze sind ihre gelblich-weißen Blüten, aus denen sich einsamige, rote Steinfrüchte entwickeln. In den dunkelgrünen, sechs Zentimeter langen und drei Zentimeter breiten Blättern ist das Alkaloid Kokain von allen enthaltenen Alkaloiden quantitativ am stärksten vertreten. Der Wirkstoffgehalt an Kokain, d.h. der prozentuale Gewichtsanteil pro Blatt, liegt zwischen 0,5 und 1,5 Prozent.

Die Unverträglichkeit extremer Temperaturen begrenzen Anbau

und Verbreitung der Kokapflanze. Aber auch Bodenbeschaffenheit und Höhenlage spielen eine Rolle. Die traditionellen Anbaugebiete liegen an den geschützten Ostabhängen der südamerikanischen Anden in einer Höhe zwischen 500 und 1000 Metern, wo die Koka auf terrassenförmig angelegten Feldern angebaut wird.

Der Kokastrauch braucht feuchtwarmes Klima. Gleichbleibende Temperaturen zwischen 16 und 20 Grad Celsius, reichliche und regelmäßige Niederschläge sowie mineralhaltige Humusböden sorgen für optimale Lebensbedingungen. Extreme Temperaturen dagegen schaden der Pflanze. Schon niedrige Plustemperaturen lassen Blätter und Strauch verkümmern; sinken die Temperaturen unter den Gefrierpunkt, stirbt die Pflanze ab. Bei großer Hitze verlieren die Blätter an Alkaloidgehalt, ebenso bei allzu großer Feuchtigkeit. Kalkreicher Untergrund behindert das Wachstum. In größeren Höhenlagen wächst der Strauch langsamer, dafür ist dort der Wirkstoffgehalt in den Blättern höher. Die Frostgrenze bildet die natürliche Wachstumsgrenze.

Je nach Anbaugebiet sind jährlich bis zu vier Ernten möglich. Nach der Ernte werden die Blätter nachbehandelt. Dabei werden die Kokablätter dünnschichtig in der Sonne ausgebreitet und - unterstützt durch häufiges Wenden und Auflockern mit einem Reisigbesen - getrocknet. Der jährliche Ertrag einer Kokapflanze liegt bei etwa 300 Gramm frische Blätter, woraus sich 130 Gramm getrocknete Koka gewinnen lassen.

In einem chemischen Prozeß wird das Kokain aus den Blättern extrahiert. Die Kokaingewinnung vollzieht sich in drei Schritten. Zunächst werden die Kokablätter unter Verwendung von Schwefelsäure, Wasser, Kerosin, Azeton und Karbonatpulver zur gummiartigen Kokapaste verarbeitet. Danach erfolgt in einem Reinigungsprozeß die Umwandlung der Paste in die grau-bräunliche Kokainbase. Da die Base nicht wasserlöslich ist und Verunreinigungen aufweist, wird sie mit Äther, Azeton und Salzsäure zu hochprozentigem Kokainhydrochlorid veredelt. Das im illegalen Großhandel kursierende, leicht zu sogenannten *rocks* verklumpende Kokainhydrochlorid weist einen Reinheitsgrad von 70-85 % auf. Seltener ist die nicht-verklumpende Flockenform (im Szenejargon *flakes* genannt) mit einem Reinheitsgehalt von 95-99 %, die nach weiteren Reinigungsprozessen erreicht wird.

Die Kokaingewinnung, insbesondere die Herstellung der Kokapaste, mit der vornehmlich Hilfsarbeiter, sogenannte *pisadores*, beschäftigt sind, ist Knochenarbeit und nicht ganz ungefährlich. Der Journalist Alexander Niemetz beschreibt den Alltag dieser Männer in einer Kokainküche nahe der bolivianischen Stadt Etarazama:

> "In einem mit dicken Plastikplanen ausgeschlagenen und mit Holzpfählen befestigten Becken von bis zu zehn Metern Länge und etwa einem Meter fünfzig Breite werden die getrockneten Blätter in einer Mischung aus Schwefelsäure, Wasser und Kerosin gestampft. Das ist das Werk von zumeist arbeitslosen jungen Männern, die mit diesem Job zwischen zehn und zwanzig Bolivianos pro Nacht machen. Daß diese Arbeit nur kurzfristig ohne Schmerzen durchgehalten werden kann, wissen diese Männer nicht. Die Chemiebrühe zerfrißt schnell die nackte Haut ihrer Beine und schon nach Tagen ertränken sie ihre Schmerzen im Rauch der Pitillos (aus Kokainsulfat und Tabak gedrehte, rauchbare Billigdroge, d. Verf.). Nach etwa 45 Minuten Stampfen wird die bräunliche Lösung abgeschöpft, in ein zweites, etwas höheres Becken gleicher Bauart umgeschüttet und unter Zugabe von Azeton

geduldig gerührt. Der Mann, der hier tätig wird, ist der eigentliche Spezialist: José, der Pastekoch. Obwohl er weder lesen noch schreiben kann und nie in seinem Leben eine Chemiestunde besuchte, verdient er mit seiner praktischen Erfahrung mindestens das Vierzigfache eines bolivianischen Lehrers. Er braucht keine komplizierten Meßgeräte, um den Zustand der nun entstandenen Kokainsoße zu überprüfen, er entscheidet auf Grund von Farbe und Geschmack, ob sie filterfähig ist. Die oben treibende Essenz ist hochkokainhaltig. Sie wird erneut abgeschöpft, mit Karbonatpulver verrührt und durch ein simples Tuch abgefiltert. Das Endprodukt, die Kokapaste, braucht nur noch getrocknet zu werden und ist fertig für den Verkauf. Aus 200 Kilo getrockneten Cocablättern wird in diesem ersten Schritt ein Kilo Paste gewonnen. In einer einzigen Nacht schaffen sie in unserem Labor mit zwei Stampfbecken etwa sechs Kilo. Für den nächsten Schritt, die Produktion von einem Kilo Kokainbase, benötigt man ca. zweieinhalb Kilo Paste. Die endgültige Umwandlung von Kokainbase in reines kristallines Kokain geschieht in einem richtigen Laborprozeß im Verhältnis 1:1. Mit anderen Worten: In dieser relativ kleinen Cocaküche bei Etarazama schaffen gerade sechs Männer in einer Nacht das Ausgangsprodukt für mehr als zwei Kilo reinen Kokains. In den auf über 1000 geschätzten Pastefabriken in Chapare (Kokaanbauregion in Bolivien, d. Verf.) also an die vier bis sechs Tonnen pro Nacht."

Die für die Herstellung von Kokain benutzten Chemikalien kommen zu großen Teilen aus westlichen Industrieländern. Ohne diese chemischen Grundstoffe wäre die illegale Kokainherstellung nicht denkbar. Neben amerikanischen Firmen verdienen auch bundesdeutsche Unternehmen am Drogengeschäft. Wie Niemetz nachweist, lieferten deutsche Chemikalienhersteller 1988 ca. 900 Tonnen und 1989 ca. 500 Tonnen Azeton an kolumbianische Firmen. Noch 1989, wie einem Bericht der Journalistin Myriam Bautista zu entnehmen ist, hat Deutschland über 14.000 Tonnen Chemikalien für die Kokainverarbeitung nach Kolumbien und Peru exportiert. Die Bundesrepublik liegt mittlerweile bei der Lieferung von Stoffen, die in Kolumbien zur Kokainherstellung verwendet werden, ganz vorne. "Die Chemikalien kommen aus Deutschland", so ein Mitarbeiter der amerikanischen Rauschgiftfahndung, der Drug Enforcement Administration (DEA), "und es waren deutsche Bürger, die sie dorthin brachten."

Tabelle 1: Chemikalien für die Herstellung von Kokapaste

Für die Herstellung von 1000 t Kokapaste werden verbraucht:
1. ca. 8.900.000 Liter Kerosin (Petroleum)
2. ca. 5.000.000 Liter Schwefelsäure
3. ca. 1.000.000 Liter Azeton
4. ca. 1.250.000 Liter Leim
5. andere chemische Stoffe

Quelle: Kersting 1992, Arbeitsblatt M 17

Kokain kann auch synthetisch produziert werden. Dies gelang 1902 erstmalig dem deutschen Chemiker und späteren Nobelpreisträger Richard Willstätter. Allerdings ist die synthetische Herstellung von Kokain für eine kommerzielle Nutzung zu kostspielig.

Die nachfolgende Chronologie des Koka-, Kokain- und

Crackgebrauchs zeigt die Entwicklung der Droge von einem sozial integrierten Rauschmittel der indianischen Kultur hin zu einem gesellschaftlich geächteten Rauschgift der großstädtischen Ghettos. In der wechselhaften Karriere des Kokains fanden wir unsere These immer wieder bestätigt: Ob die Droge Prestige oder Stigma, Segen oder Fluch verheißt, ist nicht so sehr von ihren objektiven Wirkungen abhängig als vielmehr von der sozialen Schicht, der ihre Konsumenten zugeordnet werden.

Tabelle 2: Chronologie des Koka-, Kokain- und Crackgebrauchs

(a) Die Konsumformen im gesellschaftlich-zeitlichen Kontext

Periode	Verhaltensform
Kokagebrauch in den Anden vor der Kolonialzeit	religiös-ritualisiertes, die soziale Integration stützendes Verhaltensmuster
↓	↓
Kokagebrauch am Beginn der Kolonialzeit	stigmatisiertes Verhaltensmuster
↓	↓
Koka als Wirtschaftsdroge in den Kolonien	legales, aus dem religiösen Kontext herausgelöstes und dadurch die soziale Integration zerstörendes Verhaltensmuster
↓	↓
Kokain in der (Patent-)Medizin	Kokain als sozial-akzeptierte Wunderdroge
↓	↓
Kokaingebrauch am Anfang des 20. Jahrhunderts	Prozeß der Stigmatisierung und Kriminalisierung
↓	↓
Kokaingebrauch in den zwanziger Jahren	Kultdroge, charismatisches Verhaltensmuster
↓	↓
Kokainkonsum in den siebziger Jahren (USA)	Modedroge; illegales, charismatisches Verhaltensmuster
↓	↓
Crackkonsum in den amerikanischen Ghettos	Drogenkonsum hat Sündenbockfunktion

(b) Die Geschichte der Droge im Überblick

Kokagebrauch in vorkolonialer Zeit

Kokagebrauch in den Anden vor der Kolonialzeit stellte ein religiös-ritualisiertes, die soziale Integration stützendes Verhaltensmerkmal dar. Koka galt als eine heilige und nutzbringende Pflanze, deren Verwendung sich an strengen Konsummustern orientierte. Die gesellschaftliche Einbindung der Droge und die damit verbundene soziale Kontrolle schlossen ihren Mißbrauch aus.

Kokagebrauch in den Kolonien

Anfänglich sahen die Spanier im Kokagebrauch eine Handlung unzivilisierter Heiden und verboten ihn. Erst mit der Zeit erkannten sie die leistungssteigernde Wirkung der Droge und nutzen diese, um die Arbeitskraft der in den Minen und auf den Plantagen arbeitenden Indios zu steigern. Der Kokagebrauch wurde somit aus seinem religiösen Kontext herausgelöst; die einst heilige Pflanze verkam zu einer profanen Wirtschaftsdroge. Durch die Zerstörung der sozialen Integration wurde dem Mißbrauch der Koka Tür und Tor göffnet.

Kokaingebrauch im 19. Jahrhundert

Anders als in den Andenregionen konnte sich die Koka in der Alten Welt nicht durchsetzen. Hierbei spielten sowohl objektive Hindernisse (Transportschwierigkeiten aufgrund unzureichender Konservierungsmöglichkeiten) als auch gesellschaftliche Vorbehalte eine Rolle. Erst mit der Isolierung des Kokains gelangte die Droge nach Europa und in die USA, noch dazu in weit potenterer Form. Im 19. Jahrhundert war Kokain ein legales und häufig angewandtes (Patent)Medikament. Der Kokainkonsum ging quer durch alle Gesellschaftsschichten und war sozial akzeptiert.

Der Prozeß der Kriminalisierung

Anfang des 20. Jahrhunderts setzte der Prozeß der Stigmatisierung und Kriminalisierung ein, wobei medizinische, ökonomische und politische Aspekte eine Rolle spielten. Initiator der internationalen Drogenbekämpfung waren die USA, deren Drogenpolitik auch die Gesetzgebung anderer Staaten maßgeblich beeinflußte.

Kokain in den USA - Stigma und Charisma einer Droge

Ende der sechziger Jahre erfuhr das Kokain eine Renaissance. Insbesondere in den Vereinigten Staaten avancierte Kokain zu einer Modedroge, die primär in der weißen Mittel- und Oberschicht konsumiert wurde. Die weite Verbreitung des Kokainkonsums in der Kunst- und Schickeriaszene verhalf der Droge zu ihrem charismatischen Image und bewahrte sie trotz ihrer Illegalität vor der sozialen Ächtung.

Anfang der achtziger Jahre wurde der amerikanische Markt mit Kokain überschwemmt. Der damit verbundene Preisverfall hatte zur Folge, daß Kokaingebrauch nun auch für die unteren sozialen Schichten interessant wurde und sich schichtspezifische Konsummuster (z.B. *free-basing*) herausbildeten. Das Kokainderivat Crack machte Kokain dann endgültig zur Droge der Ghettos mit dem Effekt, daß ein ehemals charismatisches Verhaltensmuster nun zum Staatsfeind Nr. 1 erklärt wurde.

2. GESCHICHTE DER DROGE IN DEN URSPRUNGSLÄNDERN

Kokain wird in den westlichen Industrieländern fast ausschließlich zu hedonistischen Zwecken mißbraucht. Dagegen wurzelt die jahrtausendalte Tradition, Kokablätter zu kauen, in religiösen Motiven und ist noch heute in der Andenregion weit verbreitet. Die traditionelle Einnahmeform hat sich bis in unsere Zeit nicht verändert. Die Blätter werden entstielt und entrippt, zu einer Kugel gerollt und mit Kalk oder Pflanzenasche gekaut. Durch die darin enthaltenen Kalium- und Calciumsalze werden die Alkaloide in den Kokablättern leichter aufgelöst.

Das Kauen von Kokablättern ist im Vergleich zum Konsum von Kokain und seinen Billigvarianten Crack, Basuco und Pitillo harmlos. Nach Meinung des mexikanischen Anthropologen Enrique Meyer verhält sich Kokain zum Kokablatt "wie für den Reisenden ein Überschallflugzeug zu einem Esel". Beim Kauen wird nämlich das in den Blättern enthaltene Kokain durch den Speichel und die Magensäfte zum größten Teil in das achtzigfach schwächere Alkaloid Ekgonin umgewandelt. So nimmt der Körper nicht Kokain, sondern das wesentlich schwächere Ekgonin auf.

Kokablätter sind ein wirksames Mittel gegen Hunger, Erschöpfung, Kälte und Nahrungsmangel. Koka-Genuß steigert die Energie, erhöht die Körpertemperatur um ca. drei Grad, was das Leben im kalten Hochland erleichtert, und verbessert schließlich die Verdauung, da Speichelfluß und Magensäfte angeregt werden. Hinzu kommt der hohe Nährwert der Blätter, die neben Proteinen und Eisen auch Calcium und Vitamine enthalten. Überdies unterdrückt die Droge das Hungergefühl und erhöht das seelische Wohlbefinden. Die Tagesration eines andinen Kokakauers liegt bei etwa 60 Gramm Kokablätter.

Tabelle 3: Nährwert der Koka im Vergleich

100 g enthalten	bei der Koka	beim jeweils reichsten sonstigen Nahrungsmittel (Mais, Getreide, Mandeln, Bohnen, Quinoa, etc.)
Kalorien	305	279
Eiweiße, g	18,9	11,4
Fette, g	3,3	7,9
Kohlehydrate, g	46,2	37,1
Pflanzenfasern, g	37,1	14,5
Kalzium, mg	1540	99
Phosphor, mg	911,8	270
Eisen, mg	45,8	3,8
Vitamin A, Einheiten	11000	135
Vitamin B1, mg	0,58	0,58
Vitamin B2, mg	1,73	0,18
Vitamin PP, mg	3,7	2,2
Vitamin C, mg	14	13
Vitamin E, mg	44,1	20

Quelle: Duke/Aulik/Plowman 1975; zit. in: Scheffer 1989, S. 353

Die Antworten von 2481 kokakonsumierenden Bauern und Arbeitern in Bolivien auf die Frage "Wozu nimmst Du Koka?" bestätigen dies eindeutig (vgl. Tabelle 4).

Wird Koka mißbraucht - das ist bei einer täglichen Dosis von mehr als 100 Gramm Kokablättern der Fall -, kann dies Auswirkungen auf die körperliche und seelische Verfassung des Konsumenten haben. So sind als Wirkungen chronischen Kokakonsums u.a. Apathie, Leberveränderungen, Antriebs- und Konzentrationsstörungen sowie ein allgemein schlechter Gesundheitszustand bekannt. Unter den 8-15 Millionen Kokablatt kauenden Indios in Lateinamerika dürfte Kokamißbrauch aber eher die Ausnahme als die Regel darstellen.

Tabelle 4: Gründe für den Kokakonsum

Anlaß	ja (%)	nein (%)
zum Arbeiten	81	19
als Medizin	78	22
gegen die Kälte	68	32
gegen den Hunger	63	37
zum Reisen	61	39
bei Festen	55	45
beim Plaudern	55	45
um wach zu bleiben	50	50
wenn Besuch kommt	49	51
bei familiären Ritualen	46	54
beim Wahrsagen	44	56
zum Entspannen	36	64
nach dem Essen	32	68
zum Schlafen	16	84
zum Trinken	2	98
gegen Schmerzen	1	99

Quelle: Carter & Mamani 1978, S. 918; zit. in: Ruppert 1990, S. 36

Die heilige Pflanze

"Coca" kommt aus dem Spanischen und ist dem Wort *Kkoka* entlehnt, das aus der Indiosprache der Aymará stammt und Baum bedeutet. Bereits um 3000 v. Chr. kauten die Indios Koka, um ihre Leistungskraft zu steigern und im rauhen Klima der Berge zu überleben. Dies belegen archäologische Funde, die an der Küste von Ecuador gemacht wurden. Um den stetig steigenden Bedarf zu decken, wurde die Wildpflanze domestiziert. Kein Wunder, daß diese positiven Wirkungen zu allerlei Mythenbildungen um die Herkunft der Koka Anlaß gegeben haben. In einer der Entstehungsgeschichten wird erzählt, daß Manco Kápac, der göttliche Sohn der Sonne und erste Herrscher des im 12. Jahrhundert n. Chr. entstandenen Inkareiches, von den Felsen des Titicacasees herabgestiegen sei, um den Menschen eine Pflanze zu bringen, von der der spanische Chronist Carcilaso de la Vega sagte, daß sie "die Hungernden sättigt, den Müden und Erschöpften neue Kräfte verleiht und die Unglücklichen ihre Sorgen vergessen läßt".

In einer anderen Entstehungsgeschichte ist von dem Inkamädchen Coca die Rede, das mit seiner atemberaubenden Schönheit die Männer des Inkareiches betörte. Coca hatte viele Liebhaber, aber keinem war es vergönnt, ihr Herz auf ewig für sich zu gewinnen. Denn hatte sie einen Mann erst einmal besessen, verachtete und verstieß sie ihn. Die Hohenpriester sahen in Cocas nymphomanischem Verhalten eine Gefahr für die Ordnung des Reiches und forderten ihren Tod. Der Sonnenkönig, selbst von der Anmut des Mädchens verzaubert, willigte schließlich ein. Coca wurde hingerichtet und ihr Körper in unzählige Teile zerhackt. Die Leichenteile vergrub man an allen Enden des riesigen Reiches. Und überall dort, wo ein Teil von Coca begraben lag, wuchs ein Kokastrauch.

Den Inkas diente Koka als Kultdroge bei religiösen Ritualen und Zeremonien sowie als Heilmittel gegen zahlreiche Krankheiten. Sie half den Soldaten, ihre Kampfeskraft zu steigern, und den Kurieren, lange Wegstrecken zu überwinden. Konsequenterweise berechneten die Indios Arbeitszeiten und Wegstrecken nach der Dauer einer Kauperiode. In der Inka-Kultur standen Anbau, Ernte und Verteilung der Blätter unter strenger staatlicher Kontrolle. Koka-Genuß war ein Privileg der Priesterschaft und des Adels. Gegen Ende der Inka-Herrschaft wurden die strengen Anbau-Regeln gelockert - "die Kultdroge", so der Drogenforscher Berndt Georg Thamm, "verkam zur Wirtschaftsdroge". Als die Spanier Peru eroberten, hatte der Kokagebrauch schon breitere Bevölkerungsschichten erfaßt.

Die Indios sahen in der Koka eine heilige Pflanze mit magischen Kräften. Der religiöse, medizinische und sozial eingebettete Gebrauch der Koka schloß ihren Mißbrauch praktisch aus. Mit der Konquista im 16. Jahrhundert wurde der Kokagebrauch aber aus seiner sozialen Verankerung gerissen. Die damit verbundenenen, für die indianische Bevölkerung geradezu verheerenden Auswirkungen legen die Drogenforscher Schmidbauer und vom Scheidt dar:

> "Der charakteristische Wendepunkt in der Sozialgeschichte einer Rauschdroge tritt stets dann ein, wenn am Ende einer Epoche die ursprüngliche Integration der Droge in die jeweilige Kultur zerfällt.
>
> Die peruanischen Indios liefern dafür ein historisch gut belegtes Beispiel: Einstmals wurden Coca-Blätter (...) im Rahmen eines religiösen Zeremoniells oder zur Stimulation der Wahrnehmung beziehungsweise zur Entspannung innerhalb eines fest umrissenen gesellschaftlichen Bezugrahmens gekaut. Die Spanier zerstörten mit der Inka-Kultur beide Möglichkeiten, nämlich die Droge ritualisiert oder zumindest sozial eingebettet

zu gebrauchen. Darüber hinaus verursachten sie durch ihre Gewaltherrschaft so viel Elend, daß der Verzweifelungs-Cocainismus, eine krankhafte Entartungsform, als übles Relikt einer beeindruckenden Hochkultur übrigblieb."

"Götzendienst" und "Teufelswerk"

Als einer der ersten Berichte über den Kokagebrauch gilt ein Brief des italienischen Seefahrers Amerigo Vespucci, datiert vom 4. September 1504. Darin schreibt dieser:

> "Sie waren sehr häßlich in Art und Erscheinung; ihre Backen blähten sich alle mit einem gewissen grünen Kraut, das sie beständig kauten wie Kühe. Sie konnten kaum sprechen, und jeder trug zwei Kürbisflaschen um den Hals, die eine voll des Krauts, das er im Mund hatte, und die andere voll eines weißen Mehls, das wie Gipspulver aussah. Von Zeit zu Zeit pflegten sie einen Stock anzufeuchten, in das Mehl zu tunken und ihn dann in den Mund zu stecken (...) dadurch vermischten sie das Mehl mit dem Kraut (...) und da wir sehr darüber erstaunt waren, konnten wir sein Geheimnis nicht verstehen (...)"

Für die Spanier war Koka ein Werk des Teufels. Das Kauen der Blätter wurde als Götzendienst unzivilisierter Heiden gebrandmarkt. So berichtete Pedro Cieza de León Mitte des 16. Jahrhunderts:

> "Wenn man die Indianer fragt, warum sie ihren Mund immer voll von jenem Kraut haben, das sie

> nicht essen, sondern nur zwischen ihren Zähnen halten, sagen sie, dass sie weniger Hunger empfänden und feststellten, dass sie selber voller Kraft und Stärke seien. Ich denke, dass es etwa eine solche Wirkung haben muß, obwohl es mir eine schlechte Gewohnheit und eine Sünde zu sein scheint, angemessen für solche Menschen wie diese Indianer (...)"

Zwischen 1551 und 1569 wurde das "Teufelswerk" Koka sowohl von der Katholischen Kirche als auch von der spanischen Regierung geächtet. Noch im Jahre 1569 schickte der spanische König eine Empfehlung nach Peru, in der er seine Untertanen vor dem Genuß der Kokablätter warnte:

> "(...) dass sich bestimmte Unannehmlichkeiten aus dem Gebrauch und den Sitten der Indianer dieses Landes in Hinsicht auf den Anbau von Coca ergeben, da sie ein wichtiges Element in ihrem Götzendienst, ihren Zeremonien und ihrer Hexerei darstellt, und sie vorgeben, dass sie dadurch, dass sie es im Munde haben, Stärke empfangen, was eine Vorspiegelung des Teufels ist, wie einige erfahrene Leute sagen (...)"

Es waren dann wirtschaftliche Überlegungen, die die Spanier dazu bewegten, die religiös bedingten Restriktionen aufzuheben. Die Konquistadoren erkannten, daß die der Koka zugeschriebenen Wirkungen nicht bloße Einbildung der Indios waren. So beobachteten sie, daß die kokakauenden Indios in den königlichen Gold- und Silberminen überdurchschnittliche Arbeitsleistungen erbrachten. Es dauerte nicht lange, und die Spanier förderten den Kokakonsum ihrer zwangsverpflichteten indianischen Arbeitskräfte in der berechtigten Hoffnung, dadurch deren Arbeitskraft zu steigern.

Schon bald nahm der Kokaanbau industrielle Formen an. Anbau und Handel kamen unter staatliche Kontrolle, die Pflanzungen der Einheimischen wurden an skrupellose spanische Großgrundbesitzer verteilt. Krone und Großgrundbesitz verdienten mehr als genug am Geschäft mit der Droge. Wie wertvoll die Koka für die Kolonialherren war, dokumentiert Pedro Cieza de León:

> "In den Jahren 1548, 1549 und 1551 war die Coca in Peru so wertvoll, daß keine Pflanze der Welt Jahr für Jahr einen solchen Gewinn abgeworfen hat (...) In diesen Jahren brachten die Repartimientos (von der spanischen Krone an die Großgrundbesitzer vergebene Ländereien, d. Verf.) in der Nähe von Cuzco, La Paz und La Plata zwanzigtausend, vierzigtausend, sechzigtausend, ja achtzigtausend Pesos Gewinn allein aus den Cocapflanzungen ein. Jeder Lehnsherr berechnete seinen Hauptertrag nur noch aus der Anzahl der geernteten Körbe Cocablätter. Die Coca wurde nach Potosí zu den Bergwerken geschafft und dort verkauft. Später fing jeder an, Büsche zu pflanzen und die Blätter zu sammeln, und so hat die Coca heute nicht mehr den gleichen Wert wie früher, aber er ist immer noch beträchtlich. Es gibt Spanier, die diese Coca angekauft und sie dann auf den Indianermärkten wieder verkauft haben und dabei steinreich geworden sind (...)"

Aber auch die Kirche, einst ärgster Gegner des "Indiokrauts", wollte am einträglichen Drogenhandel mitverdienen. Noch auf dem kirchlichen Konzil von Lima 1567 hatte sie Koka verdammt als eine "wertlose Sache, die nur dem Mißbrauch und dem Aberglauben der Indianer dient". Nun schloß sie sich ihrem Glaubensbruder Juan de Matienzo an, der argumentierte:

> "(...) da Gott die Coca in diesem Lande statt in irgendeinem anderen erschuf, muss sie für die Einwohner des Landes notwendig gewesen sein, weil Gott nichts im Übermass oder ohne Folgen tat (...)"

Der Sinneswandel fiel der Kirche freilich nicht schwer. Sie wurde dafür mit einem Zehntel aus dem Ertrag der jährlichen Koka-Ernte entschädigt. Der gesellschaftliche Stellenwert der Koka zu jener Zeit läßt sich daran ermessen, daß Kokablätter zeitweise als Geld verwendet wurden.

Mit zunehmender Akzeptanz begannen auch Teile der weißen Bevölkerung damit, Koka als Anregungs- und Heilmittel zu gebrauchen. Auch fand der christliche Glaube Eingang in die alten Mythen der Indios. So wird in der Legende von der Jungfrau Maria erzählt, wie die Gottesmutter auf ihrer Flucht aus Ägypten durch den Genuß von Kokablättern neue Kraft erfuhr.

Gegen Ende des 18. Jahrhunderts gaben die Spanier ihr Staatsmonopol auf Koka auf. Private Unternehmer übernahmen nun das lukrative Kokageschäft. Südamerika befreite sich langsam von den Ketten der kolonialen Fremdherrschaft. Im Laufe der Zeit wandelte sich auch wieder die Einstellung der weißen Bevölkerung zur Koka, und Kokagebrauch wurde erneut als Unsitte der indianischen Bevölkerung definiert und zunehmend verurteilt. Für die Indios aber blieb Koka bis in die heutige Zeit ein wichtiger Bestandteil ihres Lebens.

Cocas Fluch

Die sozialen Folgen der spanischen Fremdherrschaft waren erschreckend. Einst zählte das Inka-Reich zehn Millionen Einwohner; die Zeit der kolonialen Diktatur und Ausbeutung überlebten bis Ende des 18. Jahrhunderts lediglich 600.000 Indios. Betroffen waren vor allem die Hochlandindianer, die von Hitze, Unterernährung und Krankheiten dahingerafft wurden. Anklagend formuliert der Ethnologe Anthony Henman:

> "Die meisten Koka-Pflücker wurden von den Hochlandindianern gestellt, die einen Monat im Jahr in die tiefgelegenen Täler kamen, um einen Teil ihres Arbeitstributs zu leisten, die die spanische Einrichtung der *encomienda* von ihnen verlangte. Obwohl es bereits in der Zeit vor den Spaniern Wanderarbeit über geringe Entfernungen gegeben hatte, machten die Spanier als erste das Wandersystem zur herrschenden Arbeitsform auf den Koka-Pflanzungen, was die schlimmsten Folgen für die Gesundheit der Hochlandindianer nach sich zog, die in diesen Dienst gezwungen wurden.
>
> Hitze, Feuchtigkeit und Unterernährung wirkten sich schrecklich auf die Indianer aus, die an ein gemäßigteres Klima gewöhnt waren, und viele von ihnen kehrten sehr krank und schwach nach Hause zurück, wenn sie überhaupt jemals zurückkehrten. Außerdem waren die Koka-Pflanzungen der Ursprung vieler häßlicher Krankheiten, die, obwohl sie kaum die akklimatisierten Anwohner am Ort befielen, für die Besucher aus den Bergen absolut tödlich waren. Eine davon, *verruga peruana*, wurde durch Moskitos übertragen und verursachte Warzen, aufbrechende Knoten und Anämie. Eine andere, die *uta* oder *mal de los Andes* hieß, rief eine Art leprösen Krebs hervor, der die Nase, die Lippen und die Kehle zerfraß."

Allein im Hochtal von Mexiko war die Bevölkerung nur innerhalb eines halben Jahrhunderts, also zwischen der präspanischen Zeit und 1570, von ungefähr eineinhalb Millionen auf rund 325.000 zurückgegangen. Die Zahl der Indios im alten Inkareich der Andenländer wurde innerhalb von 50 Jahren nach der Konquista von mehr als 10 Millionen auf weniger als eineinhalb Millionen dezimiert.

Die große Masse der Mexikaner starb an den Folgen von Zwangsarbeit, Unterernährung und Epidemien. Vor allem gegen Infektionskrankheiten wie Pocken und Masern, die die Eroberer eingeschleppt hatten, besaßen die Einheimischen keine Abwehrkräfte. Das spanische Heilmittel des Aderlasses, berichtet der Azteken-Forscher Nigel Davis, ließ die Sterblichkeitsquote nur noch mehr und schneller ansteigen. Die Feldzüge des Hernán Cortés von 1519 bis 1521 bedeuteten nicht nur das Aus für das aztekische Imperium in Mittelamerika; sie brachten auch in wenigen Jahrzehnten eine jahrtausendalte Kultur zum Absterben, von deren Mächtigkeit man sich heute kaum noch eine Vorstellung macht. So übertraf Tenochtitlán, die Lagunen-Hauptstadt im mexikanischen Hochland, mit ihren Palästen, Tempeln und Häusern, mit ihren Gärten, Brücken und Aquädukten alle Städte des damaligen Europas an Größe und Glanz - auch jene der Weltmacht Spanien, in deren Reich bekanntlich die Sonne nicht unterging.

Im Falle der Inkas spielten die Pocken und andere Krankheiten keine so entscheidende Rolle für ihre Niederwerfung, auch wenn der Bevölkerungsrückgang ähnlich stark wie bei den Mexikanern war. Die Inkas wurden vor allem durch Hungersnöte hinweggerafft, die mit der Zerstörung ihres alten Versorgungs- und Bewässerungssystems einhergingen. Schon damals half Koka mit, den entstandenen Nahrungsmittelmangel auszugleichen. Zwischen dem Beginn der Konquista und der Mitte des 17. Jahrhunderts wird der Bevölkerungsrückgang gar auf ein Zwanzigstel geschätzt. Andere Autoren, wie Frank Niess, kommen rückblickend zu dem Ergebnis, daß insgesamt an die 70 Millionen Urbewohner der Gewalt der spanischen und portugiesischen Eroberer und den aus Europa eingeschleppten Krankheiten zum Opfer fielen. In der Weltgeschichte der Massaker ein trauriger Rekord.

Mit der Reduktion der Bevölkerungszahl ging in Mexiko eine andere schlimme Folge einher: die Herstellung und der Konsum von *pulque,* dem Agavenschnaps, erhöhten sich schlagartig. In Gebieten, wo früher Mais angebaut wurde, ging man dazu über, Agaven anzupflanzen. Die einheimische Bevölkerung gab sich angesichts der Auflösung ihrer Gesellschaft dem Alkohol hin - eine überraschende Wende, wenn man bedenkt, daß vor der Ankunft der Spanier das Trinken streng kontrolliert wurde und praktisch auf religiöse Feiern beschränkt war. Das Aztekenreich wurde buchstäblich im Suff ertränkt - die erste Droge, die eine Nation vergiftete. Ein Vorgang, der Schule machen sollte.

Kolumbus' Mission

Den Arbeitskräftemangel, der durch die Dezimierung der Bevölkerung entstanden war, glichen die Spanier mit Sklaven aus Afrika aus. Am Sklavenhandel waren neben den Spaniern und Portugiesen in der Hauptsache die Engländer beteiligt. Seit dem 17. Jahrhundert entwickelte sich ein regelrechtes Netz von Handelswegen über den Atlantik, auf denen Rohstoffe und Menschen in immer größeren Mengen verschifft wurden.

Englische Schiffe brachten Güter, vor allem Baumwolle, Kaffee, Rum und Zucker, von den Plantagen in der Karibik und im Süden des nordamerikanischen Kontinents ins Vereinigte Königreich.

Die Baumwolle verarbeitete man zu Textilien; die wachsende Bevölkerungszahl sorgte für rege Nachfrage. Die Ausdehnung des Kolonialbesitzes in Nordamerika und die Erweiterung des Welthandels förderten die Kapitalbildung im Mutterland. Jedenfalls erlebte die englische Textilindustrie schon frühzeitig einen enormen Aufschwung und hatte einen entscheidenden Anteil an der Industrialisierung des Landes.

Die englischen Reeder ließen ihre Schiffe aber nicht leer gen Westen auslaufen. Sie beluden sie mit allerhand billigem Tand und Proviant, mit Flinten, Schnaps und Kattun, um in Richtung westafrikanische Küste aufzubrechen, dort Schwarze zu versklaven und diese nach Mittel-, Süd- und Nordamerika zu bringen.

Der Import von Schwarzen geht übrigens auf einen Vorschlag der drei Hieronymiten-Mönche zurück, die, wie Nigel Davis herausfand, im 16. Jahrhundert von der spanischen Krone geschickt worden waren, "um Hispaniola (heute Haiti und Dominikanische Republik, d. Verf.) von den Mißbräuchen früherer Gouverneure zu befreien". Auch Kunta Kinte - die Hauptfigur der amerikanischen Familiensaga *Roots* von Alex Haley - kam auf diese Weise Mitte des 18. Jahrhunderts - am Höhepunkt des Sklavenhandels - vom heutigen Gabun nach Nordamerika.

Indianische Sklaven gingen zu Tausenden in die neuerschlossenen Bergwerke, um die Gold- und Silberschätze Mexikos und der Andenländer zu heben, und auf die Plantagen in der Karibik, um Baumwolle, Kaffee und Zuckerrohr zu ernten. Nach den spanischen Gesetzen durften Indianer nur versklavt werden, wenn sie Aufstände provozierten oder sich den spanischen Kolonialisierungsbestrebungen widersetzten. Außerdem mußten alle Sklaven von einem königlichen Beamten registriert werden; andernfalls waren sie freizulassen. Daran hielt sich aber kaum einer, am allerwenigsten Kolumbus selbst. Er ging sogar so weit und ließ in seinen Triumphzügen, die seinen Reisen nach Amerika in der spanischen Heimat folgten, indianische Sklaven mitmarschieren, um ihren friedfertigen Charakter zu demonstrieren und sie anschließend als "Warenprobe" feilzubieten - bis ihm die wütende Königin Isabella Einhalt gebot. Kolumbus tat aber nur, was ihm die Regeln seiner spanischen Heimat nahelegten.

Seit die Spanier selbst durch die Türken in die Sklaverei geraten waren - erst 1492 war die Herrschaft der Omaijaden im Königreich von Granada zu Ende gegangen -, wurde diese Behandlung als das übliche Schicksal ungläubiger Kriegsgefangener betrachtet. Ebenso mißachtete man regelmäßig die Souveränitätsrechte der Eingeborenen. Der Besitzanspruch war nur dann eingeschränkt, wenn nachweislich eine andere europäische Seemacht in der betreffenden Weltgegend zuvor aufgetaucht war. "Der selbstverständliche Besitzanspruch, den die Europäer als Entdecker von Gebieten jenseits des Atlantiks erhoben", schreibt der Schweizer Historiker Urs Bitterli in seinem jüngsten Werk über *Die Entdeckung Amerikas*, "läßt sich auf den christlichen Herrschaftsanspruch über den gesamten Erdkreis und die darin lebenden Heidenvölker zurückführen, wie er um die Wende vom 13. zum 14. Jahrhundert von den Kirchenrechtlern Aegidius Romanus und Heinrich von Segusio postuliert worden war."

Man ging von der Vorstellung aus, daß der Papst die christliche Oberhoheit an die jeweiligen Könige delegiere und die Unterwerfung der heidnischen Völker die wichtigste Aufgabe der Christenheit sei. Die geographische Entdeckung wurde zur missionarischen Eroberung und diese zur besitzrechtlichen Aneignung. Diese Gleichsetzung offenbart auch ein Dokument, das *requerimiento*, das der spanische Kronjurist Palacios Rubios im Jahre 1513 verfaßte. Darin werden die Indianer ultimativ aufgefordert, sich den Spaniern zu unterwerfen. Dann heißt es weiter:

> "Wenn ihr dies aber nicht tun solltet oder wenn ihr boshafterweise zögern solltet, so versichere ich euch, daß ich mit der Hilfe Gottes bei euch gewaltsam eindringen werde und euch überall und mit allen Mitteln bekriegen werde (...)"

Die Kommandanten der spanischen Erkundungstruppen waren gehalten, diese Aufforderung den Indianern öffentlich vorzulesen, auch wenn sie den folgenreichen Inhalt nicht verstehen konnten. Das *requerimiento* entpuppte sich als ein Instrument, die Verantwortung für Greueltaten auf die Eingeborenen abzuwälzen, die gewaltsame Niederschlagung von Widerstand als gerechten Krieg zu erklären, ja sogar die Ausbeutung dieser Länder und ihrer Menschen als bibelgemäß und gottgefällig zu rechtfertigen.

Die persönlichen Motive von Christoph Kolumbus mögen widersprüchlich und vielschichtig gewesen sein - viele sahen in ihm nur den Abenteurer, andere den Missionar, wieder andere den adeligen Parvenue oder gar den habgierigen Genuesen, der der mysteriösen Spur des Goldes zielstrebig folgte. Eindeutiger waren die Motive seiner Sponsoren, Isabella I. von Kastilien und Ferdinand von Aragón, die seine Expedition nicht nur finanzierten, sondern auch mit einer Morgengabe versüßten: Falls das Unternehmen gelinge, so heißt es im Vertrag mit Kolumbus, werde er Vizekönig der entdeckten Lande, ihr oberster Richter und in den Adelsstand erhoben; er könne überdies ein Zehntel aller Gewinne aus dem Handel einstreichen und dürfe sich "Admiral des Ozeanischen Meeres" nennen und goldene Sporen tragen. Seine Auftraggeber erhofften sich nicht so sehr Ehre als die sagenhaften Schätze, von denen Marco Polo berichtete. Der lange Krieg gegen die Mauren hatte die Staatskasse geleert, so daß kein Mittel - auch nicht der verwegen-verrückte Plan des Kolumbus - zu schade war, sie wieder aufzufüllen.

Natürlich hatte Kolumbus' Reise ans Ende der Welt auch etwas Missionarisches - das war gar nicht anders denkbar in einer Zeit, in der die Rekonquista den Arabern eben Granada entrissen hatte und Inquisition und Antisemitismus die Menschen peinigten. Die Unterstellung, der Schatzmeister des Königs, der konvertierte Jude Luis de Santangel, habe für sein flüchtendes Volk ein gelobtes Land gesucht und deshalb die Expeditionskosten mitgetragen, ist reine Spekulation. Die Spekulation steigert sich zur kühnen These in Simon Wiesenthals Buch *Segel der Hoffnung*. Darin stellt er einen Zusammenhang her zwischen dem Aufbruch Kolumbus' nach Indien und der 1492 dekretierten Vertreibung der Juden aus Spanien und vermutet, daß Juden ihn unterstützten, weil Kolumbus selbst Jude war.

Eines Missionars hätte es angesichts des inquisitorischen Zeitgeistes ohnehin nicht bedurft. Tatsächlich befand sich, wie der amerikanische Kolumbus-Experte Kirkpatrick Sale feststellt, auch kein einziger katholischer Missionar an Bord der drei Schiffe, mit denen Kolumbus auslief.

Die Mitglieder der Schiffbesatzungen waren allesamt Kinder der Rekonquista und der Inquisition, die die feste Überzeugung in ihrem historischen Gepäck auf die karibischen Inseln mitbrachten, daß den Ungläubigen die rechtmäßige Religion eingebleut werden müsse. Daß Kolumbus eher Reichtum als Religion im Sinn hatte, illustriert der kolumbianische Autor Alejo Carpentier mit dem Hinweis, daß in einem einzigen Brief des Genuesen das Wort *Gold* mehr als 200mal vorkomme, *Gott* dagegen nur 14mal.

Schon seine zweite Reise in die Neue Welt, zu der er Ende September 1493 vom spanischen Hafen Cádiz ablegte, ließ keinen Zweifel mehr daran, worum es ging: Eine Flotte von 17 Seglern hatte in den Laderäumen nicht nur die Habe der ersten Auswanderer nach Amerika verstaut, darunter trächtige Mutterschweine und Weinstöcke ebenso wie Hühner, Saatgut und Stecklinge. Neben den 1200 Bauern, Handwerkern und Kriegern fielen die fünf Missionare gar nicht auf, dafür um so mehr die Scharen von Bluthunden, die die Decks bevölkerten.

Die Wissenschaft entdeckt Koka

Mit der Kolonialisierung Lateinamerikas kamen auch europäische Wissenschaftler mit der Kokapflanze in Berührung. 1569 erreichten die ersten Kokablätter Europa, 1750 brachte der französische Botaniker Joseph de Jussieu die ersten Kokapflanzen aus der fremden Welt mit in die Heimat. Diese wurden dann von Antonio Jose Cavanilles und Jean-Baptiste Lamarck untersucht und 1786 botanisch als *Erythroxylon coca* klassifiziert. Der Gattungsname *Erythroxylon* rührt von dem rotfarbenen Holz des Kokastrauches her und leitet sich von den griechischen Begriffen *erythros* (rot) und *xylon* (Holz) ab. Die erste publizistische Abhandlung über die Koka in Europa erschien 1574 in Sevilla und stammte aus der Feder von Nicolas Monardes.

Neben den Bemühungen, die Pflanze botanisch zu bestimmen, ging es zahlreichen Wissenschaftlern um das Wirkungsspektrum der Koka. Kritisch setzte sich der deutsche Arzt Eduard Friedrich Pöppig mit ihrem Drogengehalt auseinander. Er hielt die Koka für ein suchterzeugendes Rauschmittel und beschrieb die verheerende Wirkung des Kokamißbrauchs in seinem 1836 erschienen Buch *Reise in Chile, Peru und auf dem Amazonenstrome während der Jahre 1827-1832*:

> "Für alle ernsteren Lebenszwecke unbrauchbar, ist ein solcher der Sklave seiner Leidenschaft mehr noch als der Trinker, und setzt sich des Genusses wegen weit größeren Gefahren aus als dieser. Da die Zauberkraft des Krautes nur dann in vollem

> Umfang empfunden werden kann, wenn die gewöhnlichen Anforderungen des täglichen Lebens oder die Zerstreuungen des Umganges die Geisteskräfte zu beschäftigen aufhören, so zieht der echte Coquero (Kokakauer, d. Verf.) sich in das einsame Dunkel oder die Wildnis zurück, sobald die Sehnsucht nach dem Rausch unwiderstehlich wird (...) Nach zwei Tagen kehrt er gewöhnlich zurück, mit eingefallenen Augen, bleich, zitternd, das furchtbare Bild eines unnatürlichen Genusses."

Das Gros der Wissenschaftler war in der Beurteilung der Koka aber wesentlich zurückhaltender. Besonders die leistungssteigernde Wirkung der Droge hatte es ihnen angetan. Der Naturforscher Johann Jakob von Tschudi berichtete:

> "Als ich mich im Puna an 14.000 Fuss hoch über der Meeresfläche befand, trank ich jederzeit, bevor ich auf die Jagd ging, einen starken Absud von Cocablättern. Ich konnte den ganzen Tag auf den Anhöhen herumklettern und das leichtfüssige Wild verfolgen, ohne grössere Athmungsbeschwerden zu haben, als ich bei gleich schnellen Bewegungen an der Küste gefühlt haben würde. Ja auch von den Zufällen von Gehirnaufregungen, welche andere Reisende befallen, hatte ich Nichts zu leiden. Vielleicht kam dies daher, dass ich immer das Decoct auf dem kalten Puna trank, wo das Nervensystem weit weniger empfindlich ist, als in dem tieferen Waldklima. Indess hatte ich jederzeit nach genommenem Cocatranke ein Gefühl von voller Sättigung, und ich verspürte kein Verlangen nach einem weiteren Mahl, bis meine gewöhnliche Essenszeit lange vorüber war."

Aber auch von Tschudi blieben die negativen Auswirkungen exzessiven Kokagebrauchs nicht verborgen. Er schilderte den körperlichen Verfall der *coqueros* wie folgt:

> "Die leidenschaftlichen Cocakauer, die sogenannten Coqueros, erkennt man auf den ersten Blick an ihrem unsicheren schwankenden Gange, der schlaffen Haut von graugelber Färbung, den hohlen, glanzlosen, von tiefen violettbraunen Kreisen umgebenen Augen, den zitternden Lippen und unzusammenhängenden Reden, und an ihrem stumpfen apathischen Wesen."

Dennoch hielt er die Koka für eine äußerst nutzbringende Pflanze und propagierte ihren mäßigen Gebrauch. Resümierend stellte der Wissenschaftler fest:

> "Meine Ansicht über die Koka nach einer mehrjährigen sorgfältigen Beobachtung ihrer Wirkung ist die, daß ihr mäßiger Gebrauch ohne alle nachteiligen Folgen für die Gesundheit sei und daß ohne denselben der peruanische Indianer bei seiner kärglichen, unverdaulichen Nahrung weder eine so feste Gesundheit genießen würde noch zu anhaltenden und schweren körperlichen Arbeiten fähig wäre, wie es jetzt der Fall ist; ich betrachte diese Pflanze als eine große Wohltat für jenes Land (...) Das Kokakauen ist so wenig ein Laster wie das Weintrinken; nur das Übermaß stempelt das eine wie das andere dazu."

Den leistungssteigernden und hungerstillenden Effekt der Droge konnte auch Ernst Freiherr von Bibra feststellen. Er beobachtete 1855 kokakauende Minenarbeiter:

> "Für den Bergmann, welcher in den Minen die schwerste Arbeit verrichten muß, (...) ist die Coca (...) ein unentbehrliches Bedürfnis. Auch der strengste Herr gibt drei oder vier Ruhezeiten des Tages, welche etwa 20 Minuten dauern, und dann eilt der Arbeiter an einen ruhigen, wo möglich stillen und abgelegenen Ort, nimmt aus dem kleinen Lederbeutel, in welchem er die getrockneten Blätter bewahrt, einige derselben, versetzt sie mit ein wenig Pflanzenasche, welche er in einem Fläschchen mit sich führt, und nachdem alles dieses zu einer Kugel geformt ist, bringt er dieselbe in den Mund, und kaut oder saugt langsam an derselben. So lange hierdurch noch eine starke Speichelabsonderung bewirkt wird, behält er den Bissen im Munde, und der starke grünlich gefärbte Speichel wird zum Theile ausgeworfen, grössthenteils aber verschluckt.
>
> Später wird eine erneute Portion genommen und häufig zuletzt eine Papier-Cigarre geraucht. Dann geht der Mann mit erneuerten Kräften, heiter und gestärkt, zur Arbeit, ohne auch nur die kleinste Menge eigentlicher Nahrung zu sich genommen zu haben."

Geradezu euphorisch äußerte sich der italienische Neurologe Paolo Mantegazza. Er drückte seine Begeisterung mit folgenden Worten aus:

> "Von zwei Kokablättern als Flügeln getragen, flog ich durch 77.348 Welten, eine immer prächtiger als

> die andere. Gott ist ungerecht, daß er es so eingerichtet hat, daß der Mensch leben kann, ohne immer Koka zu kauen. Ich ziehe ein Leben mit Koka einem Leben von einer Million Jahrhunderten ohne Koka vor."

Die Europäer mußten ohne Koka auskommen. Denn anders als Tabak, Tee, Kaffee, Schokolade und Opium konnte Koka in Europa nicht heimisch werden. Die empfindlichen Pflanzen verloren durch die lange Überfahrt und das zersetzende Salzwasser viel von ihrer Wirkung. Erst mit der Isolierung des Kokains aus Kokablättern gelangte das Rauschmittel in die *Alte Welt*, noch dazu in hochkonzentrierter Form.

Zu Recht spricht man daher beim Kokakonsum in präkolonialer Zeit von einem *endemischen Drogengebrauch*, während der Kokaingebrauch in den Industrieländern als *epidemischer Drogengebrauch* bezeichnet wird. Christiane Schmerl definiert in ihrem 1984 erschienen Buch über Drogenabhängigkeit diese Begriffe folgendermaßen:

> "*Endemischer* Drogengebrauch ('im Volk') bezeichnet die Tatsache allgemeiner Verbreitung und Akzeptierung einer Droge unter den erwachsenen Mitgliedern einer Gesellschaft. Diese kennen und beherrschen in der Regel Techniken des Konsums, die vor negativen, d.h. gesundheitsschädlichen Folgen und/oder physischer wie psychischer Abhängigkeit bewahren. (...)
>
> Unter *epidemischem* Drogengebrauch bzw. unter 'Drogenepidemie' wird verstanden, daß eine 'neue' Droge, für die es (noch) keine gewohnten und 'sicheren' Umgangsregeln in Form von sanktionier-

> ten Ritualen und Applikationstechniken gibt, plötzlich in einer Gesellschaft verfügbar gemacht wird und rapiden Zuspruch findet. Je nach chemischer Eigenart und Konsumtechnik der Droge kann dies vorläufig harmlose (z.B. im Falle von Tabak) oder verheerende Wirkung haben (wie im Beispiel von Opium oder Alkohol - bei ersterem wegen der langfristigen gesundheitlichen und sozialen Schäden, bei letzterem wegen der schnellen Abhängigkeits- und Toleranzentwicklung und der damit zusammenhängenden Dosissteigerung)."

Wie wir in den folgenden Kapiteln sehen werden, konnte sich auch das Kokain in der Drogenkultur der westlichen Industrieländer nicht etablieren. Zwar hatte die Droge im 19. Jahrhundert den Status eines legalen Genuß- und Heilmittels; im 20. Jahrhundert verkam Kokain aber zu einem illegalen Rauschgift, dessen Gebrauch in der Tat epidemische Formen annahm.

3. KOKAIN: WIRKUNG, MISSBRAUCH UND THERAPIE

Spricht man von Kokain (Szenejargon: C, Charly, Coke, Flake, Koks, Schnee, Snow, White Stuff), meint man in der Regel Kokainhydrochlorid. Kokainhydrochlorid ist farblos-weiß, kristallin, geruchlos und bitterschmeckend. Die Substanz ist in Wasser löslich.

Zahlreiche Behauptungen existieren über das Wirkungsspektrum von Kokain, die meist unbewiesen sind. Apologeten der Droge sehen in ihr eine harmlose, nicht süchtig machende Substanz, welche leistungssteigernd und sexuell stimulierend wirkt sowie die künstlerische Kreativität fördert. Ihre Gegner stellen das Kokain als gewaltförderndes, bei chronischem Konsum zu vorzeitiger Vergreisung und Verblödung führendes Gift mit hoher suchterzeugender Potenz dar. Vieles davon ist spekulativ und wissenschaftlich nicht belegbar.

Kokain gehört zur Drogengruppe der Aufputschmittel. Pharmakologisch gesehen hat die Droge zwei unterschiedliche Wirkungen: Als Lokalanästhetikum verwendet wirkt Kokain gefäßverengend, ist von hoher Toxizität und starker Wirkung. Dabei verhindert es für etwa dreißig Minuten die Bildung und Übertragung von Nervenimpulsen an den freien Nervenenden von Schleimhäuten und Wundstellen. Daneben ist Kokain ein starkes Stimulans des zentralen Nervensystems.

Die Gefahr der Überdosierung

Wie eine Droge bei den einzelnen Konsumenten wirkt, ist nicht allein abhängig von der jeweiligen Substanz, sondern wird auch von anderen Faktoren beeinflußt. So sind u.a. die Höhe der Dosis, die Applikationsform, die Beimischung anderer Substanzen, die physische und psychische Konstitution der Konsumenten, das "setting" sowie die Häufigkeit des Gebrauchs für die Wirkung eines Rauschmittels verantwortlich.

Kokain kann auf verschiedene Weise konsumiert werden. Die gängigsten Anwendungsformen sind das Schnupfen, die intravenöse Injektion und das Rauchen von Kokain. Bei Injektion und Rauchen setzt die Wirkung rascher ein als beim Schnupfen. Sie ist äußerst intensiv. Die Gefahr von Überdosierung ist dabei besonders groß. Aber auch beim Schnupfen von Kokain sollte das Risiko einer Überdosis nicht unterschätzt werden. Nannette Stone und ihre Mitarbeiter warnen eindringlich davor, die Applikationsform des Schnupfens für ungefährlicher zu halten als die Injektion und das Rauchen der Droge:

> "Jüngste Forschungsergebnisse räumen mit einem (...) hartnäckigen und gefährlichen Mythos auf: Die Ansicht, daß Schnupfen völlig sicher oder jedenfalls sicherer ist als andere Methoden des Kokainkonsums. Das ist völlig falsch. Alle Daten über Kokain-Tote zeigen, daß Schnupfen mindestens so gefährlich ist wie Spritzen oder Freebasing (das Rauchen von Kokain, d. Verf.)..."

Beim Schnupfen wird das Kokain auf eine Glasscheibe gehäuft und mit einer Rasierklinge zu sogenannten *lines* zusammengeschoben, die dann mit einem Röhrchen in die Nasenlöcher eingesogen werden. Dabei gelangt die Droge über die Schleimhäute der Nase in die Blutbahn und von dort ins Gehirn. Die Wirkung setzt nach etwa fünf Minuten ein, der Rauscheffekt hält dreißig Minuten an. Als Dosis beim Schnupfen werden drei bis dreißig Milligramm benötigt, für die intravenöse Injektion reichen schon wesentlich kleinere Mengen (8-16 mg) aus. Die Droge wird zu großen Teilen durch die Leber abgebaut und über die Niere und den Stuhlgang aus dem Körper ausgeschieden.

Kokainkonsum führt zu einer Beschleunigung der Herz- und Atemfrequenz; die Blutgefäße verengen sich, Blutdruck, Pulsschlag, Blutzuckerspiegel und Körpertemperatur steigen an. Man schwitzt und die Pupillen weiten sich. Dadurch daß die Droge das Hunger- und Durstgefühl unterdrückt sowie Wachheit erzeugt, kommt es zu einer Steigerung der physischen Belastbarkeit. Bei Zufuhr höherer Dosen Kokain können Kopfschmerzen und Blässe auftreten.

Bei Kokain ist die Bandbreite zwischen optimaler und tödlicher Wirkung minimal, es kann also leicht zu einer Überdosierung kommen. Überdosierungen können katastrophale Folgen haben. Galoppierender Pulsschlag sowie ein rascher Anstieg des Blutdrucks sind die ersten Vergiftungserscheinungen. Es treten Zittern, Atemstörungen, Übelkeit, Erbrechen, Fieber, Schwindel und Krampfanfälle auf. Das Drogenopfer wird ohnmächtig. Atmung und Kreislauf brechen zusammen, die fatalen Folgen sind Atemlähmung, Gehirnblutungen und Herzstillstand. Bei einem anaphylaktischen Schock treten die gleichen Symptome wie bei einer Überdosierung auf. Oral eingenommen liegt die tödliche Dosis bei etwa 1,2 Gramm, intravenös injiziert führen normalerweise schon 800 mg zum Exodus.

Der Kokainrausch umfaßt neben den körperlichen eine Vielzahl psychischer Wirkungen. Kokain erzeugt Euphorie und Antriebssteigerung, Hemmungen werden abgebaut. Auch steigert die Droge den Rededrang, das Selbstbewußtsein und die Risikobereitschaft. Ob Kokain daneben auch die geistige Leistungsfähigkeit erhöht, konnte bis heute nicht eindeutig geklärt werden. Es gibt Hinweise darauf, daß die Einnahme kleinerer Mengen die geistige Wachsamkeit steigert und die Denkprozesse beschleunigt. Bei Einnahme größerer Mengen besteht aber die Gefahr, daß das Denken ideenflüchtig wird und es dem Konsumenten schwerfällt, sich zu konzentrieren.

Kokain gilt als wirksames Aphrodisiakum. In der Literatur finden sich häufig Hinweise, daß die Droge Libido und Potenz steigert sowie den Orgasmus hinauszögert. Andere Autoren wiederum sprechen der Substanz eine sexuell stimulierende Wirkung ab oder ziehen diese zumindest in Zweifel. Die von vielen Konsumenten hervorgehobene Wirkung der Droge, sexuell anzuregen, kann auch darauf zurückgeführt werden, daß durch den Kokainrausch die Hemmschwelle merklich gesenkt und dadurch Wirklichkeit anders erfahren wird. Beliebt ist bei einigen Kokain-Usern das Auftragen kokainhaltiger Lösungen bzw. Salben auf die Geschlechtsteile, um durch die anästhesierende Wirkung der Droge den Orgasmus hinauszuzögern und somit den Sexualakt zu verlängern. Diese Praxis ist jedoch nicht unproblematisch, da es bei zu hohen Dosierungen zu zeitweiliger Impotenz kommen kann. Die Drogenforscherin Stone und ihre Mitarbeiter weisen darüberhinaus noch auf weitere Gefahren hin: "Die Aufnahme von Kokain durch die Vagina kann sehr leicht zur Überdosierung führen und die dünne Haut des Penis ist ausgesprochen sensitiv; es kann zu Zerstörungen kommen, die durch den Effekt des Kokains, Muskelkrämpfe zu erzeugen, entstehen können." Für die Behauptung, Kokain führe zur Homosexualität, gibt es dagegen keine Beweise.

Man sagt dem Kokain auch nach, daß es gewalttätig und aggressiv mache. Eine aggressionsfördernde Wirkung der Droge konnte bisher nur in Tierversuchen nachgewiesen werden. Wissenschaftler stellten fest, daß kleine Mengen Kokain bei Tieren aggressionsfördernd, größere Dosen dagegen aggressionshemmend wirkten. Ob Kokain auch beim Menschen zu erhöhter

Aggressivität führt, ist bis heute nicht eindeutig belegt. Dadurch aber, daß die Droge Antrieb, Risikobereitschaft und Selbstbewußtsein beim Menschen steigert, kann sie enthemmend wirken, vor allem bei Konsumenten, die zu Gewalttätigkeiten neigen. Auch das Auftreten kokainbedingter Halluzinationen und Paranoia kann Gefühle von Gefahr hervorrufen und so das Aggressionspotential der Konsumenten erhöhen. Halluzinationen treten aber in der Regel nur bei hoher Dosierung oder bei chronischem Konsum auf.

In einer Studie gaben Kokainkonsumenten als wiederholt erlebte positive Effekte an:

Tabelle 5: Positive Effekte des Kokainkonsums

100 %	Euphorie
82 %	Stimulation
70 %	verminderte Müdigkeit
67 %	Appetitverlust
59 %	Redseligkeit
13 %	Erhöhung des Sexualgenusses
12 %	gesteigerte geistige Fähigkeiten
7 %	erhöhte Wachsamkeit
6 %	vermehrte Geselligkeit

Mehrfachnennungen waren möglich.

Quelle: Siegel 1977; zit. in: Gunkelmann 1989a, S. 356

Gewöhnlich lassen sich beim Kokainrausch drei Stadien unterscheiden: das euphorische Stadium, das eigentliche Rauschstadium und das depressive Stadium. Während das euphorische Stadium primär positive Empfindungen (Euphorie, Antriebssteigerung, etc.) beinhaltet, gewinnen im Rauschstadium negative Empfindungen wie Unlust und Angst langsam die Oberhand. Den

Abschluß des Kokainrausches bildet das depressive Stadium, geprägt von Müdigkeit, Erschöpfung, Niedergeschlagenheit, Depression und Suizidneigung. Um den negativen Wirkungen zu entfliehen, greifen viele Konsumenten erneut zur Droge.

Motive

Der Gebrauch von Kokain kann unterschiedlich motiviert sein. Drei verschiedene Konsumententypen lassen sich unterscheiden.

Die erste Gruppe ist die der *Freizeit-Konsumenten*, die Kokain gelegentlich und primär aus hedonistischen Gründen benutzen. Daneben gibt es die *Situationskonsumenten*, die Kokain als Dopingmittel, zur Leistungssteigerung, bei Nachtarbeit, gegen Depressionen und als Appetitzügler einsetzen. Die dritte Gruppe bilden die chronischen *Kokainisten*.

In einer Untersuchung von Siegel aus den siebziger Jahren gaben Kokainkonsumenten als Hauptgründe für ihren regelmäßigen Kokaingebrauch an: geselliges Beisammensein (100 %), Steigerung der Arbeitsleistung (47 %), Hebung der Stimmung (37 %) und Leistungssteigerung bei Sport und Sex (22 %).

O'Malley und Johnston befragten Kokainkonsumenten der achtziger Jahre nach ihren Motiven. Diese nannten verschiedene Gründe für ihren Kokaingebrauch (vgl. Tabelle 6).

Eine deutsche Studie, durchgeführt von dem Mediziner Wolfram Keup, kam zu ähnlichen Ergebnissen: Ein Großteil der befragten Probanden (37,5 %) führte als primäre Motive *Euphorie* und *Kick* an. 19,8 % nahmen die Droge gegen Angst und Hemmungen, um ihr Souveränitäts- und Selbstwertgefühl zu stärken. 19 % konsumierten die Droge aus reiner Neugier. Als weitere Gründe wurden Aktivitätssteigerung (6,9 %), sexuelle Erlebnissteigerung (5,2 %),

Harmonieerlebnis, Vergessen, etc. (3,0 %) und gesteigertes Gruppengefühl (2,2 %) angegeben. 4,7 % nahmen Kokain gelegentlich als Ersatzdroge für Heroin. Medizinische Gründe - die Behandlung von Schmerzen und Depressionen - waren dagegen mit einem Anteil von 0,8 % von untergeordneter Bedeutung.

Tabelle 6: Gründe für den Kokainkonsum

79,3 %	um es auszuprobieren
70,8 %	um sich gut zu fühlen, high zu sein
49,8 %	um eine schöne Zeit mit Freunden zu verbringen
29,7 %	um mehr Energie zu bekommen
22,5 %	um auszuspannen
16,5 %	um wach zu bleiben
9,9 %	um die Effekte anderer Drogen zu verstärken

Mehrfachnennungen waren möglich.

Quelle: O'Malley/Johnston 1985, S. 50ff; zit. in: Gunkelmann 1989a, S. 356

Faßt man die oben genannten Untersuchungen zusammen, stehen Euphorie, Neugier, geselliges Beisammensein, Leistungssteigerung und sexuelle Stimulation als Motive für den Kokainkonsum im Vordergrund. Auffällig ist jedoch, daß Leistungssteigerung und gesteigertes Gruppengefühl in den amerikanischen Untersuchungen eine gewichtigere Rolle zukommt als in der bundesdeutschen Studie von Keup.

Kokain paßt von seinem Wirkungsspektrum her in unsere leistungsorientierte Gesellschaft. Sein Gebrauch verspricht Energie, sexuelle Potenz, Willenskraft und Optimismus - Attribute der Erfolgreichen. Nicht ohne Grund gilt Kokain als "eine typische amerikanische Droge". Neben den angeführten Beweggründen kann der Gebrauch von Kokain auch dadurch motiviert sein, daß die Droge ein Prestigesymbol darstellt. Harry Shapiro glaubt, "ein

Grund dafür, daß Kokain in Amerika nach wie vor so beliebt ist, ist möglicherweise der, daß es nach wie vor das Image einer Jet-Set-Droge hat und ebenso wie jeder andere materielle Besitz ein Statussymbol darstellt. In diesem Sinne kann man also Kokain sehr wohl auch noch als 'Champagner-Droge' betrachten."

Mißbrauch

Beim Kokainkonsum unterscheidet man gewöhnlich, wie dies auch Stone und ihre Mitarbeiter getan haben, zwischen Gebrauch, Mißbrauch, Abhängigkeit und Sucht.

Kokaingebrauch: Abgesehen von rechtlichen Kategorien lassen sich moderate Kokain-User in kein spezielles Konsummuster pressen. Sie gebrauchen Kokain unregelmäßig, und wenn sie es konsumieren, dann nur in geringen Mengen. Die dabei mit Abstand am häufigsten praktizierte Konsumform ist das Schnupfen.

Kokainmißbrauch: Kokainmißbrauch liegt dann vor, wenn sich der Kokaingebrauch negativ auf das Leben des Konsumenten auszuwirken beginnt wie im Falle von gesundheitlichen Beeinträchtigungen, sozialen und finanziellen Problemen. Häufige Einnahme, spezielle Konsummuster, Dosissteigerungen und Veränderungen in der Einnahmepraxis wie vermehrtes *free-basing* oder Injizieren der Droge lassen auf Kokainmißbrauch schließen.

Kokainabhängigkeit: Problematisch wird es, wenn echte Anzeichen der Kokainabhängigkeit vorliegen. Der Unterschied zur Sucht besteht noch darin, daß "die kokainabhängige Person fühlt, daß sie es nicht ohne den Stoff schaffen kann, (...) es aber unter ganz besonderen motivationalen Bedingungen dennoch schaffen (wird). Sie ist abhängig, aber nicht im psychischen Sinne süchtig", wie Stone und Mitarbeiter ausführen.

Kokainsucht: Kokainsucht ist gekennzeichnet durch den unkontrollierten Konsum von Kokain, ungeachtet der körperlichen, seelischen und sozialen Folgen, und die Unfähigkeit, diesen einzustellen.

Der moderate Gebrauch von Kokain ist verbreiteter, als allgemein angenommen wird. So konnten Murphy und Mitarbeiter in ihrer Langzeit-Studie über 11 Jahre nachweisen, daß ein Drittel der Probanden einen kontrollierten Kokaingebrauch pflegten. Zu ähnlichen Ergebnissen kam Cohen. 34 % der von ihm in Amsterdam untersuchten 160 Kokain-User praktizierten einen gemäßigten Konsum, der zu keinem Zeitpunkt der Studie exzessive Formen annahm.

Sahihi zitiert in seinem Buch *Designer-Drogen* einen 47jährigen Schriftsteller, der angibt, das hochwirksame Kokainderivat Crack kontrolliert gebrauchen zu können:

> "Daß Crack süchtig macht, ist eine Tatsache; nur: Wie Crack süchtig macht, das wird schon ziemlich übertrieben dargestellt. Ganz ähnlich wie es vor ein paar Jahren vom Heroin hieß: 'Du schaust es einmal an, und bist für immer süchtig.' Bullshit! Klar, wenn man alle Viertelstunde raucht, ist man noch am Abend des ersten Tages süchtig. Andererseits aber: Ich rauche regelmäßig Crack, aber jeweils nur eine Portion, und ich lasse meinem Körper immer mindestens drei Tage Zeit, sich völlig zu normalisieren. Resultat: Ich habe schon über hundert mal Crack geraucht - und von Sucht keine Spur."

Unregelmäßiger, moderater Konsum von Kokain hat normalerweise keine gesundheitlichen Schädigungen zur Folge. Jedoch sprechen eine Reihe guter Gründe gegen den Gebrauch der

Droge. Abgesehen von strafrechtlichen Konsequenzen können Überdosierungssymptome schon bei geringen Kokainmengen auftreten, denn jeder reagiert anders auf die Droge und die tödliche Dosis variiert von Mensch zu Mensch. Die individuelle Toleranz kann sich selbst von Tag zu Tag ändern.

Besonders gefährlich ist Kokain bei Personen mit bestimmten Krankheitsbildern. So sollten Diabetiker, Leberkranke und Personen mit Herz-Kreislaufstörungen Kokain meiden. Bedenklich ist Kokain ebenfalls bei Epileptikern und Allergikern. Bei ersteren kann Kokain Krämpfe hervorrufen. Bei einer Kokainallergie kann es einen anaphylaktischen Schock auslösen, der oft tödlich endet. Auch für Schwangere gilt: Finger weg vom Kokain! Josh von Soer und Irene Stratenwerth, die sich in ihrem Buch *Süchtig geboren* mit den Problemen von Kindern drogenabhängiger Eltern auseinandergesetzt haben, zitieren zum Thema Schwangerschaft und Kokain die Broschüre *Drugs, Pregnancy, Childcare - a Guide for Professionals*, für die das *Institute for the Study of Drug Dependence (ISDD)* verantwortlich zeichnet:

> "Wie der Konsum vieler anderer Drogen in der Schwangerschaft wurde auch der von Kokain mit vorzeitigem Blasensprung in Verbindung gebracht. Babys, die zu früh geboren wurden, waren zu klein und zu leicht für ihr 'Alter'. Besonders bei stimulierenden Drogen wurde ein vermindertes Wachstum der Föten beobachtet, wahrscheinlich verursacht durch die gefäßverengenden Eigenschaften dieser Substanzen und die dadurch reduzierte Sauerstoffzufuhr für das Kind. Die meisten Studien, die solche Zusammenhänge vermuten lassen, haben jedoch Frauen mit sehr ärmlichem sozioökonomischem Hintergrund untersucht. Hier scheinen grundsätzliche Probleme für die Babys eher infolge

> exzessiven Gebrauchs auch anderer Drogen, von Alkohol und Tabak, schlechter Ernährung etc. aufzutreten. Hinzu kommt, daß viele dieser Frauen kaum an der Schwangerschaftsvorsorge teilgenommen hatten.
>
> Babys von Kokain konsumierenden Müttern können auch Schwierigkeiten in der Nachgeburtsphase haben. Sie sind möglicherweise 'schlechte Esser' und nur schwer zu beruhigen, bis die Droge ihrem Körper entzogen ist. Eine Studie über Kokainkonsumentinnen, die die Droge nicht mehr nahmen, als sie erfuhren, daß sie schwanger waren, kam zu dem Schluß, daß die untersuchte Gruppe 'keine nachteiligeren Schwangerschaftsverläufe hatte als die Normalbevölkerung'."

Chronischer Kokainkonsum zieht meist gravierende physische, psychische und soziale Auswirkungen nach sich. Kokain erzeugt zwar keine - wie im Falle der Heroinabhängigkeit - physische Abhängigkeit mit entsprechenden körperlichen Entzugs- und Abstinenzsymptomen. Bei Dauergebrauch kommt es aber zu einer ausgeprägten psychischen Abhängigkeit. Kokainmißbrauch ist häufig damit verbunden, die Dosen zu steigern und die Belastungsgrenze nach oben zu verschieben. So gibt es Berichte über chronische Kokainisten, die in der Lage sind, Kokainmengen zu sich zu nehmen, die für ungeübte Personen tödlich wären.

Als körperliche Folgen chronischen Kokainkonsums sind Leberveränderungen, Appetitlosigkeit, Gewichtsverlust und Schlafstörungen zu nennen. Daneben läßt das sexuelle Interesse bei Dauerkonsumenten merklich nach. Das Schnupfen von Kokainhydrochlorid kann zu chronischem Schnupfen und Schäden der Nasenscheidewand führen. Wird die Droge intravenös gespritzt, besteht die Gefahr von Geschwürbildungen, Hautentzündungen, Hepatitis, HIV-Infektion und Aids. Das Rauchen von Kokain greift die Atemwege und das Lungengewebe an.

Auch die im Kokain enthaltenen Streckungsmittel können gesundheitsschädlich sein. Um den Profit zu erhöhen, verschneiden die Dealer das für den Straßenhandel bestimmte Kokain mit zahlreichen anderen Stoffen. Als Kokainstreckungsmittel dienen u.a. Amphetamine, Milchpulver, Trauben- und Milchzucker, Ascorbinsäure, Koffein, Vitamin B und synthetische Anästhesiemittel.

Als Auswirkungen intensiven Kokaingebrauchs nannten Konsumenten folgende körperliche Beschwerden:

Tabelle 7: Wirkungen intensiven Kokainkonsums

59 %	Appetitverlust
54 %	Schlaflosigkeit
51 %	körperlicher Abbau
36 %	chronischer Schnupfen
29 %	Verlust sexuellen Interesses
11 %	Eiterung der Nasenscheidewand
10 %	Abszeßbildung
10 %	Überdosierungssymptome
6 %	Hepatitis
5 %	andere Hautentzündungen

Mehrfachnennungen waren möglich.

Quelle: Kozel/Adams 1985, S. 122; zit. in: Gunkelmann 1989a, S. 356

Im Verlauf der psychischen Abhängigkeit kommt es zu Antriebs- und Konzentrationsstörungen (Unlust, Nervosität, etc.), Gedächtnisschwierigkeiten sowie paranoiden Erlebnissen bis hin zu einer Kokain-Psychose in Form von Halluzinationen, Angstzuständen und Wahnvorstellungen. So glauben Kokainisten häufig, Insekten, sogenannte "Kokain-Käfer", krabbeln auf oder unter ihrer Haut, was dazu führt, daß die Betroffenen sich in ihrem Wahn blutig kratzen und auf diese Weise krankhafte Hautveränderungen verursachen. Andere wiederum hören Stimmen oder sehen Personen, die real nicht existent sind. Wieder andere fühlen sich bedroht und verfolgt, verhalten sich konspirativ, um die vermeintlichen Verfolger abzuschütteln oder kaufen sich zu ihrem Schutz Waffen. Stone und ihre Mitarbeiter verweisen auf eine New Yorker Untersuchung, in der folgende psychische Defekte bei Kokainkonsumenten festgestellt werden konnten:

> "Eine 1983 durchgeführte Untersuchung an Kokainmißbrauchern, die bei einer New Yorker Einrichtung um Aufnahme zur Therapie nachsuchten, brachte folgende Statistik zutage: 93 Prozent hatten geringere 'psychologische' Folgen durch ihren Kokainkonsum erfahren, 56 Prozent hatten schwerwiegendere psychologische Effekte erlitten. 80 Prozent berichteten, sie seien abgeschlafft und fertig, 58 Prozent berichteten über Schlafstörungen. 47 Prozent hatten paranoide Episoden erlebt, 18 Prozent waren nach dem Kokainkonsum gewalttätig geworden und 16 Prozent hatten Halluzinationen durchlebt. 67 Prozent sagten, Kokainkonsum hätte bei ihnen zu Verwirrung und Ungeduld geführt, 65 Prozent berichteten über Schwermütigkeit oder schlechte Stimmungen, 64 Prozent berichteten über Angst und Ruhelosigkeit. 44 Prozent berichteten ein Nachlassen des sexuellen Antriebs, 55 Prozent sagten, ihr Kokainkonsum habe sie faul und unmotiviert gemacht. 36 Prozent berichteten über Konzentrationsschwierigkeiten, 35 Prozent hatten Ideenflucht erfahren und 33 Prozent hatten Gedächtnisstörungen durch Kokainkonsum festgestellt."

Daneben beeinflußt Kokain die Produktion und Funktion sogenannter Neurotransmitter im menschlichen Gehirn, chemischer Überträgerstoffe, die die Signale von Nervenzelle zu Nervenzelle weiterleiten und so die Nerven aktivieren. Diese Hirnbotschafter steuern Stimmungen und Gefühle. Dopamin, Serotonin und Norepinephrin sind solche Reizvermittler. Dopamin ist zuständig für Lust und Euphorie, Serotonin reguliert den Schlaf und Norepinephrin reagiert u.a. auf angsterzeugende Reize. Ist die Reizvermittlung erfolgt, werden die Überträgerstoffe normalerweise wieder in ihre Ausgangszellen aufgenommen und somit inaktiviert. Kokain blockiert aber diese Inaktivierung und setzt daneben vermehrt Neurotransmitter frei. Dadurch wird die Wirkung der Überträgersubstanzen unnatürlich gesteigert. Dies ist u.a. die Ursache für das Kokain-High.

Fatal ist jedoch, daß gleichzeitig die natürliche Produktion der Überträgerstoffe verlangsamt wird. So kommt es beim Entzug der Droge zu Depressionen, Angstgefühlen und Schlafstörungen, da die verbliebenen Neurotransmitter nicht mehr ausreichen, um eine normale Stimmung zu erzeugen. In der Regel stabilisiert sich die Produktion nach einiger Zeit wieder. Es kann aber sein, daß bei Konsumenten, die nach einer langen Kokain-Karriere endlich den Entzug geschafft haben, die Produktion der Überträgerstoffe irreparabel gestört ist.

Die sozialen Folgen vervollständigen das Bild vom Kokainisten. Erwerb und Konsum der Droge haben absolute Priorität. Mit zunehmender Abhängigkeit verliert der Süchtige mehr und mehr das Interesse an seiner persönlichen Lage und der sozialen Umwelt. Beschaffungskriminalität, insbesondere bei finanzschwachen Konsumenten, Verfall der Persönlichkeit und sozialer Abstieg sind das traurige Resultat.

Therapie

Wie wir gesehen haben, kann chronischer Kokainkonsum einschneidende gesundheitliche und soziale Auswirkungen haben. Deshalb bedürfen Kokainisten einer intensiven medizinischen und psychosozialen Betreuung. Im Gegensatz zu Gelegenheitskonsumenten, die ihren Kokaingebrauch relativ leicht einschränken oder beenden können, indem sie beispielsweise die Dosis verringern, andere Konsumenten und Dealer meiden, Gebrauchsutensilien vernichten, bedarf die Behandlung zwanghaften Kokaingebrauchs fachlicher Unterstützung.

Im folgenden sollen die neuralgischen Punkte einer fachlichen Behandlung aufgezeigt werden:

Erstes Ziel ist es, den Kokainkonsum zu beenden. Die Entgiftung kann abrupt oder schrittweise erfolgen und durch Medikamente unterstützt werden. Wichtig ist, daß das körperliche Gleichgewicht wiedererlangt wird.

Im Rahmen einer Psychotherapie sollten dann die Ursachen für den Kokainkonsum erforscht und Strategien zur Verhinderung zukünftigen Kokaingebrauchs entwickelt werden. Nach Gomez spielen dabei drei Dimensionen eine Rolle:

" a) Der Betroffene muß einsehen, daß der Gebrauch von Kokain schädlich ist und es zur Vermeidung negativer Auswirkungen vonnöten ist, auf den Konsum zu verzichten.

b) Die Therapie soll dem Betroffenen helfen, impulsives Verhalten zu kontrollieren und dazu beitragen, daß er sich von Menschen und Situationen fernhält, die mit Kokainkonsum zu tun haben.

c) Die Behandlung sollte dazu führen, daß der Betroffene erkennt, welche Rolle das Kokain in seinem Leben spielt, wie wichtig es für ihn ist und welche Alternativen oder Ersatzmöglichkeiten bestehen."

Im Zuge der Therapie kann der behandelnde Therapeut verschiedene Techniken anwenden. Die sogenannte Verhaltensmodifikation ist eine davon. Diese Therapietechnik geht davon aus, daß Kokainmißbrauch erlernt ist und es Ziel der Therapie sein muß, dieses Verhalten zu modifizieren, indem die den Kokainkonsum begünstigenden Faktoren verändert werden. So fordert der Therapeut z.B. seinen Patienten auf, zu einem angebotenen weißen Pulver immer wieder nein zu sagen, bis der Schlüsselreiz seine bisherige Wirkung verliert.

Eine andere Methode der Verhaltensmodifikation ist die sogenannte aversive Therapie. Hier zeigt der Therapeut dem Kokainmißbraucher immer wieder Fotografien, auf denen zerstörte Nasen, zerfressene Lungen und Körper von sezierten Kokain-Opfern zu sehen sind. So soll eine Aversion gegen Kokain erzielt werden.

Eine weitere Technik ist die sogenannte Kontrakt-Kontingenz. Hier schreibt der Patient Briefe, in denen er z.B. seinen Chef oder eine Behörde über seine Kokainsucht in Kenntnis setzt. Diese Briefe werden beim Therapeuten hinterlegt und bei einem Rückfall von diesem abgesandt. Stone und ihre Mitarbeiter nennen noch weitere Therapietechniken: Harn-Kontrollen, Akupunktur und Hypnose.

Neben der Einzeltherapie gibt es auch kollektive Therapieformen, so die Familien- und Gruppentherapie. Während die Einzeltherapie sich auf den einzelnen Patienten konzentriert, bezieht die Familientherapie den Ehepartner und die Kinder in die Behandlung mit ein. In der Gruppentherapie versuchen dagegen mehrere Kokainmißbraucher gemeinsam, durch Gespräche und den Austausch von Erfahrungen ihr Problem in den Griff zu bekommen. Neben diesen Therapieformen sind noch therapeutische Wohngemeinschaften sowie ambulante und stationäre Programme in privaten Kliniken oder öffentlichen Krankenhäusern zu nennen.

Die genannten Therapieformen basieren im wesentlichen auf amerikanischen Erfahrungen. In der Bundesrepublik gestaltet sich die Behandlung von Kokainsüchtigen (noch) recht schwierig, da bundesdeutsche Therapieprogramme in der Vergangenheit primär auf Heroinabhängige ausgerichtet waren, den Kokainismus als spezielle Suchtform jedoch nicht berücksichtigten. Hier besteht großer Nachholbedarf.

4. GESCHICHTEN, DIE DAS KOKAIN SCHRIEB

Menschen greifen aus unterschiedlichen Motiven zum Kokain, sie gehen mit der Droge und ihrem Konsumbedürfnis ebenfalls recht unterschiedlich um. Wenn exzessiver Gebrauch von Kokain lebensbedrohliche Auswirkungen zeigt, beginnen sich die Schicksale mehr und mehr zu gleichen.

Die folgenden Geschichten handeln von drei Kokainkonsumenten, die mit der Droge ihre ganz persönlichen Erfahrungen gemacht haben. Die *Storys* sind dem Buch *Leistungsdroge Kokain* von Nannette Stone, Marlene Fromme und Daniel Kagan entnommen.

> "Jane ist ganz besonders sensibel. Sie ist sehr lebhaft und lebensfroh, und obwohl sie manchmal ein bißchen durcheinander zu sein scheint, verfügt sie doch über eine tiefe und gut entwickelte Intelligenz. Sie ist abenteuerlustig und kreativ und von gesundem Verstand. Sie ist schnell dabei, neue Erfahrungen auszuprobieren, aber sie kennt den Unterschied zwischen Abenteuer und ernster Gefahr. Jane kennt ihre Grenzen, ihre Stärken und Schwächen sehr gut.
>
> Mit ihrem runden engelhaften Gesicht und ihrer reifen Figur sieht Jane jünger aus als 35 Jahre. Sie ist Mutter zweier Mädchen, 13 und 15 Jahre alt, und sie war 16 Jahre lang mit Tony verheiratet, der das von seiner Familie übernommene Restaurant leitet. Sie haben immer komfortabel gelebt - das Re-

staurant läuft gut. Tony verbringt 20 Stunden in der Woche dort, um die Arbeiten zu überwachen, und er und Jane haben viel Zeit füreinander und für die Kinder. Beide haben sehr viele Freunde. Ihre Ehe ist stabil; es geht ihnen sehr gut. Jane hat sehr wenig Interesse an Drogen. Sie raucht vielleicht ein oder zweimal im Jahr Marihuana, wenn jemand es ihr anbietet, und sie trinkt vielleicht ein oder zwei Martinis bei einer Hochzeit oder einer anderen sozialen Gelegenheit. Drogen haben sie nie besonders interessiert. Sie hat einmal ein starkes Psychopharmakon probiert, um zu sehen, wie es wirkt, und obwohl sie die Wärme und Befriedigung, die die Droge ihr gab, sehr angenehm fand, 'war es keine große Sache', sagt sie. Sie kann nicht verstehen, wie Leute mit so etwas in Schwierigkeiten geraten können.

Weil beide Töchter in der Schule sind und viel Zeit außer Haus verbringen, hat Jane sehr viel Freizeit. Sie und eine Gruppe ihrer Freundinnen verbringen manchmal ihre Nachmittage mit Shopping oder Essen und tauschen Neuigkeiten über Beziehungen, Finanzen und Kinder aus. Vor einigen Monaten kam das Tischgespräch im Haus ihrer Freundin Maryann auf Kokain. Gerade war in der Lokalzeitung über einen Kokain-Skandal berichtet worden, und die fünf Frauen diskutierten, wie oft neuerdings Kokain in den Nachrichten vorkommt.

Eine der Frauen fragte, ob irgend jemand der Anwesenden es schon einmal probiert habe. Von allen um den Tisch kam wie im Chor das 'nein'.

'Aber ich habe es einmal probiert, wißt ihr', gab jemand zu.

Maryann schaute sich mit einem verschmitzten Ausdruck in ihren Augen im Kreise um, blickte in jedes Gesicht und sagte mit verschämter Stimme: 'Ich habe etwas da. Etwas Koks.' Sie hielt den Atem an, wußte nicht, was jetzt passieren würde.

Es gab eine lange Pause. Jane kicherte und bald lachten alle über Maryanns Zaghaftigkeit. Der Gedanke, daß *sie* ausgerechnet Kokain haben würde, war vielleicht der größte Witz von allem. Maryann brauchte nur am Korken einer Weinflasche zu riechen, um blau zu werden.

'Nein wirklich', sagte sie, nachdem sie sich beruhigt hatten. 'Johnny hat es mir gegeben.'

Die Frauen kannten Johnny, Maryanns Schwager. In der Tat, er war einer ihrer regelmäßigen Gesprächsgegenstände. Mit 26 Jahren managte er bereits Lokale, Bands und Musikveranstaltungen. Man war sich allgemein einig darüber, daß Johnny großartig war - wortkarg, aber schnell mit einem perfekt angebrachten Kompliment, groß, schlank, dunkelhaarig, mysteriös. Er hatte Maryann den Koks gegeben, als er zufällig aus dem Handschuhfach seines Auto gefallen war, als er sie und seine Schwester letzte Woche vom Shopping abholte. Die kleine Plastiktüte war halbvoll. Ein befreundeter Musiker hatte es ihm gegeben, aber Johnny lehnte Drogenkonsum ab. Weil seine Musiker dadurch unzuverlässig wurden, zeigte er sich als Vorbild und nahm keine Drogen.

Die fünf Frauen schauten einander an; jede von ihnen wußte, was alle dachten. Jane brach das Schweigen: 'Warum sollten wir es nicht jetzt probieren?' Ihre Kinder waren in der Schule. Ihre Männer würden nicht vor drei oder vier Uhr zu Hause sein, und das Abendessen mußte nicht vor fünf Uhr fertig sein. Jane war wie die anderen ein bißchen aufgeregt und ein bißchen erschrocken.

Maryann ging weg und kam mit der Plastiktüte zurück, legte sie vorsichtig auf den Tisch. Aber was nun? Niemand von ihnen hatte Kokain vorher zum Schnupfen präpariert. Aber sie wußten, daß man ein Rohr braucht, um dadurch den Stoff anzusaugen.

'Hat irgend jemand eine Hundert-Dollar Note?' fragte Debbie. Sie lachten.

'Vielleicht sollten wir Johnny rufen', sagte jemand anders.

'Nun gut', fiel Laura ein, wühlte in ihrer Handtasche und förderte drei Strohhalme zutage. 'Ich war mit den Kindern zum Lunch bei McDonalds. Ich habe mal irgendwo gehört, daß man Trinkstrohhalme für Koks benutzt. Wir könnten es versuchen.'

Irgend jemand hatte gehört, daß man Kokain auf einen Spiegel oder auf ein Stück Glas legen muß und es in Linien mit einer Rasierklinge arrangiert. Nach einiger Diskussion schütteten sie das Kokain auf Maryanns Glastisch und benutzten einen Käseschneider, um es in Linien zu ziehen. Sie schnitten die Strohhalme durch und verteilten sie, und sie fanden sich schließlich auf dem himmelblauen riesigen Sofa rund um den Kaffeetisch versammelt und starrten auf die weißen Linien. Niemand bewegte sich.

'Na gut, zum Teufel', sagte Lorraine, und sie war stolz auf ihren Mut. Sie nahm einen Strohhalm, beugte sich über das Kokain und mit überraschender Leichtigkeit schnupfte sie zwei Linien, eine in jedes Nasenloch. Die anderen Frauen machten es ihr rasch nach.

Sie rieben sich ihre Nasen, verzogen die Gesichter wegen des unangenehmen Gefühls in den Nasenhöhlen, schmeckten den bitteren Geschmack im Rachen und warteten. Jane stellte fest, daß sie die Zähne aufeinanderpreßte; sie fühlte ein intensives Glimmen, eine Erregung tief in ihrem Magen, das gleiche Gefühl, das sie bei ihrer Hochzeit hatte und als sie einmal in der Lotterie gewonnen hatte.

'Mein Herz', sagte Lorraine. 'Es geht rasend schnell.'

'Ich fühle mich, ich weiß nicht, irgendwie sehr wach, als könnte ich jetzt nach Hause gehen und das ganze Haus sauber machen', sagte Debbie.

'Ja wahrhaftig', sagte Maryann. 'Man fühlt sich, als sei man zu allem bereit, nicht wahr?'

'Das ist es', fügte Laura hinzu. 'Zu allem bereit. Ich

wünschte, Jim wäre hier.' Jim ist Lauras Ehemann. 'Ich bin geil.'

Jane war auch angeturnt. Sie fühlte sich wie ein Teenager: voller Übermut und sexy. Die Frauen fühlten sich alle sehr nahe, als seien sie alle Mitglieder eines sehr exclusiven Clubs. Sie begannen darüber zu sprechen, was sie glaubten, daß andere beim Kokainkonsum trieben, danach über mehr persönliche Dinge. Sie verloren sich in Phantasien darüber, mit welchen Filmstars sie gerne ins Bett gehen würden. Sie sprachen über alte Freunde. Sie spielten verschiedene Was-Wäre-Wenn-Spiele: Was wäre, wenn sie keine Kinder hätten? Was wäre, wenn sie mit anderen Männern verheiratet wären? Sie sprachen sogar miteinander über Fragen, die bei anderer Gelegenheit explosiv zwischen ihnen gewirkt hätten. Hatte niemand jemals die Phantasie entwickelt, mit einem der Ehemänner der anderen ins Bett zu gehen? Sie tauschten sexuelle Phantasien aus. Jane sprach über eine Phantasie, die sie niemals irgend jemandem mitgeteilt hätte:

Sie lag in ihrem Bett, allein im Dunkeln und starrte aus dem Schlafzimmerfenster ins Mondlicht. Es war mitten in der Nacht. Plötzlich stand eine dunkle Figur im Fenster, öffnete es langsam und geräuschlos und glitt in den Raum. Es war ein Einbrecher, bekleidet mit einer Strickmütze, einer Maske, einem dunklen Halstuch, dünnen Lederhandschuhen, mit einer Schultertasche für die Beute ausgestattet. Jane lag bewegungslos im Bett, versteinert, aber gleichzeitig auch erregt. Der Dieb schlich quer durch den Raum und als ein Strahl des Mondlichtes auf sein

Gesicht fiel, sah sie, es war ihr Tony. Er kam zu ihr und machte Liebe mit ihr. Die Mischung von Schrecken, Erleichterung und Ekstase war perfekt. Die Phantasie fand großen Anklang bei den anderen Frauen. Niemand konnte sie übertreffen.

Sie hatten genug Koks für eine weitere Runde. Als die Wirkung nachzulassen begann, verglich Jane das Kokain-High mit anderen, die sie erlebt hatte. Wie alle anderen Drogen, die sie versucht hatte, konnte sie sie nur als 'keine große Sache' bezeichnen. Sie empfand ein besseres High und angenehmere Wirkung von einem Martini. Sie mochte wohl das Drum und Dran beim Kokain, wie den Glanz, die sexuelle Stimulation, das Gefühl, etwas besonders Schickes getan zu haben. Aber sie würde nicht einmal die Straße überqueren, um es noch einmal zu versuchen. Es war eine Erfahrung, die sie einmal machen wollte, wie damals, als sie darauf bestanden hatte, daß Tony sie einmal auf dem Motorroller mitnimmt. Sie konnte es kaum abwarten, Tony am Nachmittag davon zu erzählen."

Für Jane war der Kokainkonsum ein einmaliges, irgendwie abenteuerliches Erlebnis. Sie kann als typischer *Sozial-Kokser* bezeichnet werden, eine Person, für die Kokain selten zu einem Problem wird.

Anders bei Corky, einem 39jährigen Taxifahrer aus Brooklyn, der die Droge nahm, um seine Leistungskraft zu steigern:

"Corky ist 39 Jahre alt und fuhr Taxi in der Friedhofsschicht, von Mitternacht bis acht Uhr morgens. Gleichzeitig hatte seine Frau Marie einen Job als

Serviererin, der ebenfalls spät abends begann, so daß sie keine Probleme mit ihren Tagesabläufen hatten.

'Es lief sehr gut zwischen uns beiden', erklärt er.

Corky nahm jede Nacht, wenn er auf Schicht war, Kokain, und zwar in der typischen Art des Routine-Users - zwei Linien, ungefähr für alle drei Stunden, während einer Acht-Stunden-Schicht. Er würde niemals seine Schicht mit Kokain-Schnupfen beginnen, weil er zu Beginn nicht müde ist. Er fuhr immer so lange, bis er müde wurde, üblicherweise in der zweiten oder dritten Stunde, und nahm dann seinen ersten Snief.

'Ich kenne einige Leute, die kamen in größte Schwierigkeiten, weil sie Kokain nahmen', sagt er, 'aber für mich war es kein Problem. Ich nahm es nur, um nachts fahren zu können.'

Corky sagt, er habe niemals richtige Probleme mit dem Crash gehabt, wenn er am Ende der Nacht aufhörte. Aber manchmal hatte er Probleme mit dem Einschlafen, wenn er nach Hause kam, '(...) vielleicht deshalb, weil ich gerade dann ins Bett ging, wenn alle anderen auf die Straße gehen', erklärt er. Obwohl er in einem Nachtjob gearbeitet hat, war Corky eigentlich ein Mensch, der am Tag lebt, und er hat sich nie so richtig an die Arbeitszeit gewöhnt.

Corky war sich immer im Klaren darüber, daß der Kokainkonsum ihm aus der Kontrolle geraten kann. 'Ich glaube, ich wußte immer, daß ich mit dem Stoff vorsichtig sein muß', sagt er. Corky ist sich dennoch sehr sicher, daß es nie eine Gefahr für ihn gegeben hat.

'Für mich war es einfach eine Art aufzustehen, aber nicht rauf bis zum High, wenn sie wissen, was ich damit meine.'

'Aufwärts, aber nicht ganz rauf' ist ein perfekter Begriff dafür, wie viele Routine-Konsumenten ihre Erfahrungen mit Kokain beschreiben.

Vor ein oder zwei Jahren begann es in Corkys und Maries Ehe schwierig zu werden. Er begab sich in Therapie, als der ständige Druck zu Hause seinen Tribut forderte. Sie trennten sich. Er wurde depressiv und verlor eine Menge an Gewicht. Während dieser Zeit empfand er keinerlei Impuls, Kokain zu konsumieren, um seine Stimmung anzuheben, und tatsächlich gab er es völlig auf, um statt dessen ein Antidepressivum zu nehmen. Das war ein Anzeichen dafür, daß Corkys Kokainkonsum vielleicht genau das war, was er sagte - nämlich einfach ein Mittel, um wach zu bleiben.

Corky ging es durch die Therapie und durch die Medikamente bald besser. Weil er außer seiner zerbrochenen Ehe und dem, das er 'den Sackgassen-Job, den ich hasse', nannte, nur wenige Bindungen an New York hatte, ermutigten wir ihn, das zu tun, was wir eine 'geographische Tour' nennen. Nach einer Reihe von Versuchen, wieder mit seiner Frau zusammenzufinden, zog Corky schließlich nach Alabama, um dort in einer Fabrik zu arbeiten und ein neues Leben anzufangen. Er ist glücklich und ungestreßt - und hat nicht mehr über Kokain nachgedacht, seit er umgezogen ist, obwohl er wieder in einem gleichförmigen, stark fordernden Job arbeitet, der ohne weiteres wieder zum Routine-Konsum führen könnte. Corky sagt, daß er jetzt mehr Entspannung und Freude aus dem Kontakt zu Frauen zieht, als er jemals von Drogen bekommen könnte.

'Sie wissen, oben im Norden wird jemand, der mit Brooklyn-Akzent spricht, angesehen, als sei er gar nichts wert. Aber hier unten ist das einmalig. Die Frauen sind verrückt nach mir. Sie denken, ich klinge wie Sylvester Stallone.'"

Corky stellt den *Routine-Konsumenten* dar, der Kokain primär zur Leistungssteigerung nimmt. Routine-Konsumenten greifen regelmäßig zu Kokain, die Droge ist Bestandteil ihres Jobs. Hierin liegt auch die Gefahr - der Kokaingebrauch kann leicht unkontrollierte Formen annehmen.

Welch verheerende Folgen Kokainmißbrauch haben kann, dokumentiert die letzte Geschichte, die das tragische Schicksal von Tina, einer 23jährigen Kokainsüchtigen erzählt.

"Alle Köpfe wenden sich ihr zu, wenn Tina in einen Raum kommt. Sie ist 23 Jahre alt, 1,70 m groß, wiegt 110 Pfund und ist einfach wunderschön. Ihre Augen sind strahlend blau mit einem kleinen Schuß grün.

Ihr ganzes Leben lang hat Tina die Macht ihrer körperlichen Ausstrahlung gekannt. Sie hatte schon gelernt, durch ihren Charme die Leute nach ihrer

Pfeife tanzen zu lassen, bevor sie zwei Jahre alt war - und sie hatte damit bemerkenswerten Erfolg. Aber ihre Schönheit hat auch gegen sie gearbeitet. Ihre Mutter beneidete sie und hatte Schwierigkeiten, Tina die positive Zuwendung zu geben, die sie brauchte. Sie war außerdem von einem Reinlichkeitsfimmel besessen und konnte Tinas normale kindliche Schlamperei nicht hinnehmen. Sie schrubbte, wischte und moppte überall hinter Tina her, und ihre Zwanghaftigkeit führte bei Tina zu einer übertriebenen Wahrnehmung ihrer eigenen Unordentlichkeit und zu hoher Wachsamkeit gegenüber Schmutz. Die ständig an ihr kritisierten Mängel führten bei Tina zu einem Minderwertigkeitsgefühl.

Ihr Vater belastete sie mit einem anderen Problem: Er überschüttete die kleine Tina mit Komplimenten - aber nur über ihr hübsches Äußeres. Er lobte sie nur sehr selten dafür, daß sie klug, freundlich, ehrenhaft oder gebildet sei. Tina stellte fest, daß sein Lob zu stark war, und begann, daran zu zweifeln. Vor allem wurde ihr plötzlich bewußt, daß ihr Daddy ein hübsches Kind brauchte und andernfalls unglücklich wäre. Sie nahm die Botschaft auf: Kümmere dich um deinen Vater, indem du hübsch bist, und er wird sich um dich kümmern.

Das Resultat ist eine atemberaubend schöne Frau, die ihr Aussehen dazu zu benutzen weiß, alles zu bekommen, was sie sich wünscht, aber im Grunde niemals glaubt, daß sie wirklich so attraktiv ist. Sie ist ständig auf der Hut, die ersten Zeichen eines Nachlassens ihrer optischen Wirkung zu berücksichtigen.

Tina arbeitete als Teilzeit-Modell, als sie 15 Jahre alt war, und als sie erwachsen wurde, hatte sie schnell hintereinander eine Reihe charmanter Freier. Dann traf sie während ihres letzten Schuljahres in der High-School schließlich Georges.

Alle waren baff, weil Georges nicht Tinas Typ war. Er hatte keinen Pfiff, keinen Stil. Er war übergewichtig, schlampig, hatte wenig Geld und fuhr einen lauten, rostigen alten Volkswagen. Georges nahm Tina nie irgendwohin mit, wo es nett war, wie alle anderen Freunde es getan hatten; tatsächlich nahm er sie kaum irgendwohin mit. Dennoch schien er einen phänomenalen Eindruck auf Tina zu machen. Er war der erste Freund, dem sie nicht überlegen zu sein schien; statt dessen war er obenauf und Tina erfüllte bescheiden seine Wünsche. Es war viel später, als sie schließlich die magnetische Kraft verstand, die Georges über sie zu haben schien.

'Ich habe immer alles, was ich wollte, mit meinem Aussehen bekommen, aber ich war nie meiner selbst sicher. Ich hatte kein Selbstwertgefühl, und ich erwartete immer, als wertloser Müll entdeckt zu werden. Ich schaute mir meine Modellfotos mit einem Vergrößerungsglas an und sah nichts als Unzulänglichkeiten. Meine Freunde verstanden mich nicht. Sie sagten, ich sei das schönste Mädchen, das sie kennen. Aber Georges sah es', erklärte sie. 'Als ich sagte, mein Gesicht sei zu flach, erkannte er, daß ich Recht hatte. Wenn ich sagte, ich sei zu fett, überredete er mich, einige Pfund abzunehmen. Ich hatte das Gefühl, mit Georges zusammenzugehören - er wußte über mich, was niemand sonst wußte, die schrecklichen Dinge, alle meine Zweifel, meine Ängste, mein wirkliches Selbst. Ich brauchte ihn.'

Drei Jahre lang verfolgte Tina ihre Karriere als Modell und Georges baute seine Drogengeschäfte aus. Er fuhr nun einen Mercedes und gab Tina jedesmal, wenn er sie sah, eine Menge Geld, aber sie wollte etwas anderes.

'Ich wollte geheiratet werden', sagt sie uns. 'Ich meine, wir hatten nie zusammengelebt. Ich sagte es Georges, ich bestand darauf'. Sie beginnt zu seufzen. 'Das war, als er mir erzählte, daß er schon mit jemand anders verheiratet ist. Er war es schon, als wir uns trafen. Dieser Bastard. Aber er sagte, er würde sich scheiden lassen; er schwor, in sechs Monaten sei er frei.'

Georges überredete Tina dazu, sich von ihm in einem Appartement unterbringen zu lassen. Es war ein perfektes Arrangement - sie war frei, zu tun was sie wollte, während er alle Kosten trug; gleichzeitig hatte er einen sicheren Platz, um große Mengen an Kokain zu lagern. Während Tina dachte, dies sei eine Einleitung oder ein Vorgriff auf ihre Heirat, akzeptierte sie den Handel und zog um in ein verglastes Penthouse, 20 Stockwerke über der City. Ihr 'Job', erklärte Georges, würde es sein, ein unauffälliges Erscheinungsbild zu behalten und vor allem den Mund darüber zu halten, was sich unter den Betten befand - Reihen um Reihen von Metallbehältern und Plastikbeuteln voll mit Kokain, hunderttausende Dollar wert und sorgfältig in Schuhkartons verpackt.

Tina begann, sich isoliert zu fühlen. Georges kam nur vorbei, um Kokain abzuholen oder zu liefern und Tina ihre wöchentliche 'Bezahlung' von 500 Dollar zu geben. Er kam niemals, um sich mit ihr zu unterhalten, machte selten Liebe mit ihr, nahm sie nie irgendwohin mit. Er stürzte herein, schniefte vielleicht ein paar Linien Kokain, bot Tina immer etwas an, sie lehnte aber immer ab. Tina hatte ihren Job aufgegeben, sie lud ihre Freunde niemals ein, weil sie sich komisch gefühlt hätte, sie dort zu haben, wo sie sich fühlte wie in einem Gefängnis, und sie sah nun Georges auch sehr selten. Sie wurde immer depressiver und gab sich selbst die Schuld für alles, was falsch lief. Sie suchte nach dem Grund, weshalb sie gescheitert war. Hatte sie ihr gutes Aussehen verloren? War sie zu fett? Wurde sie etwa alt? Sie war gerade 22.

Eines Tages entschied sie sich, sich etwas von Georges' verdammtem Kokain zu nehmen. Sie zog ein paar Linien für sich, wie sie es von ihm so oft gesehen hatte, und schnupfte sie. Als die Wirkung der Droge sie schüttelte, erlebte Tina eine unmittelbare Verwandlung, die sie vollständig unvorbereitet traf.

'Ich mochte Drogen nie', sagt sie. 'Ich fühlte mich dadurch immer krank. Aber dies, dies war - ich weiß nicht, wie man das erste Mal beschreiben kann. Es war, als flöge ich, als fielen die verglasten Wände des Appartements um, und ich schwebte über die Stadt. Ich hatte mich seit Monaten nicht so gut gefühlt - wirklich nicht einmal in meinem ganzen Leben. Ich fühlte mich, als sei ich schließlich doch perfekt - mein Körper war makellos, ich fühlte mich mutig, kraftvoll, großartig.'

Tina wußte nichts über Kokain, obwohl sie auf einer Menge schlief, die mehr als eine halbe Million Dollar wert war. Über eine Stunde später nahm sie einfach etwas mehr, kurz bevor sie ins Bett ging, um die 'Mitternachts-Show' zu sehen. Am nächsten Morgen wachte sie auf, duschte und ging anschließend ohne Zögern an den Vorrat, um sich weitere vier Linien reinzuziehen. Georges würde sie nicht vermissen; er sagte, sie könne etwas davon haben. Und nebenbei bemerkt, es verschaffte ihr ein wunderbares Gefühl. Tina konsumierte eine Woche lang täglich Kokain, schnupfte vier bis sechs Linien, wann immer sie etwas wollte. Sie fiel sehr schnell in den Zyklus des Kokainmißbrauchers - high werden, Crash, Konsum gegen den Crash, high werden, Crash, wieder etwas nehmen.

'Ich könnte kaum sagen, wieviel ich konsumierte', sagt sie. 'Alles, was ich sagen kann, ist, daß ich an einem Tag den Stoff nicht anrührte, dafür aber drei Tage später eine Menge davon nahm, die ganze Zeit über.'

Mittlerweile sah sie Georges wieder, und er bemerkte, daß sie angefangen hatte, Kokain zu nehmen, und daß bereits merkwürdige Dinge mit ihr geschahen. Niemand hatte Tina je über die unangenehmen Nebeneffekte von Kokain erzählt - paranoide Gedanken, Wahnvorstellungen -, so daß sie nicht richtig begriff, was vor sich ging. Georges nahm nur wenig Notiz von ihr, wie gewöhnlich, und schob ihre unbequemen Fragen beiseite.

'Georges, schau dir meine Zähne an', sagte sie, verzog dabei ihren Mund zu einem breiten Grinsen. 'Nehmen sie nicht langsam eine komische graue Farbe an? Georges, ich glaube von mir geht ein schlechter Geruch aus. Riechst du das? Georges, glaubst Du, ich bin zu fett?' Georges war zu beschäftigt, um zu antworten.

Tina war in der Phase einer Kokain-Paranoia. Ihre Zähne hatten die Farbe nicht verändert, und sie roch nicht streng. Sie saß in ihrem Appartement, total auf Kokain, untersuchte ihre Zähne im Spiegel, badete drei- oder viermal am Tag, um sich selbst von ihrem eingebildeten Körpergeruch zu befreien. Bald begann sie zu glauben, daß ihre alten Freunde über sie herzogen.

'Sie denken, ich bin eine Art Hure, weil ich mit diesem Georges zusammenlebe', dachte sie und geriet in Panik. Dann wiederum wunderte sie sich über ihn. Hatte er es wohl erwogen, sie hier unterzubringen, umgeben von all dem Kokain, nur um sie dazu zu bringen, davon zu nehmen? Warum tat er das? Und warum schienen ihre Zähne dunkler und grauer zu werden? Würden sie eines Tages schwarz sein?

Nach Tinas dritter Woche mit andauerndem Kokainkonsum fand sie, daß sie sogar dann, wenn sie genug konsumierte, um den Crash zu vermeiden, und wenn sie nur schlief, nachdem sie im wahrsten Sinne des Wortes kollabierte, sich sehr stark deprimiert fühlte, selbst wenn sie eigentlich high auf Kokain war. Sie fühlte sich 'gerädert', gleichzeitig sehr stark angeregt und heruntergedrückt, eine ganz gewöhnliche Wirkung des exzessiven Kokainkonsums innerhalb kürzester Zeit. In ihrer depressiven Phase zählte sie ihre Fehler. Ihre grauen Zähne waren es, was sie am meisten haßte. Sie machte einen Termin mit einem Zahnarzt aus.

'Ich möchte, daß Sie sie alle ziehen', sagte sie ihm. Als er bei seiner Untersuchung nicht einmal einen Kariesschaden fand, widersprach er natürlich ihrem Wunsch.

Tina stampfte aus dem Büro. Systematisch ging sie die Zahnärzte im Branchenbuch durch, besuchte einen Zahnarzt nach dem anderen, bis sie nach Wochen einen fand, der ihr zustimmte: Er zog alle ihre perfekten Zähne und stattete sie rasch mit einem vollständigen Zahnersatz aus. Für 24 Stunden fühlte sich Tina wie erlöst. Sie hatte Probleme damit, die Prothese in ihrem Mund zu halten, aber letzlich würden diese künstlichen Zähne nicht grau werden. Wann immer der Horror darüber, daß sie keine Zähne mehr hatte, in ihr hochkam, schnupfte sie etwas von Georges' Kokain, um zu vergessen.

Dann war Tina mit einem anderen Wahn konfrontiert. Sie schien Tag und Nacht mit Tausenden von kleinen, juckenden Insekten übersät zu sein. Niemand hatte ihr etwas von Kokain-Insekten erzählt, und in ihrem Zustand hätte sie ohnehin niemandem Glauben geschenkt. Sie traktierte ihre Arme und Beine mit ihren langen Nägeln, kratzte, versuchte, die Käfer herauszuschälen - sie machten sie fast verrückt. Sie waren so klein, sie waren so schwer zu fangen, aber sie waren überall, auf ihr, in ihren Kleidern, in ihrem Bett. Tina rief den Kammerjäger jede Woche an. Nach drei Wochen schaute der Mann sie merkwürdig an, sprühte die Räume aus und ging. Schließlich rief sie, in totaler Panik wegen des Juckreizes, ihre Freundin Ruthie an und bat sie, sofort herüberzukommen.

Ruthie, die Tina länger als einen Monat nicht gesehen hatte, war vollständig alarmiert, als sie sie sah. Tina sah aus wie ein Skelett. Sie war voller Schrekken, als Tina ihr erzählte, was sie mit ihren Zähnen angestellt hatte.

'Oh, das ist noch gar nichts', erklärte Tina und führte ihre Freundin am Arm im Raum herum. 'Es sind die verdammten Käfer, die wichtig sind.' Ihre Freundin war erstaunt, als Tina da stand und überall an sich herumkratzte. Sie forderte ihre Freundin auf, unters Bett zu schauen, in die Küchenschränke und die Toilette. 'Ich weiß, daß du sie nicht sehen kannst, aber sie sind da', insistierte sie, während nun das Blut aus ihren aufgeschürften Armen lief. 'Sie sind überall. Sie machen mich total verrückt.'

'Hier gibt es keine Käfer', erklärte ihre Freundin bestimmt. 'Es kommt vom Kokain, daß es dich am ganzen Körper juckt. Du bringst dich selber um,

Tina. Versprich mir bitte, daß du damit aufhörst.'

Das war es nicht, was Tina hören wollte. 'Ja, ja', versprach sie und drängte ihre Freundin zur Tür hinaus.

Tina trieb es zwei Monate lang weiter so, daß sie täglich Kokain nahm. Die Käfer trieben es schlimmer und schlimmer, Tinas Arme waren übersät mit Schorf und Wunden, und ihr Gewicht fiel auf 85 Pfund. Sie verließ das Appartement nicht mehr und Georges hatte sogar beiläufige Gespräche mit ihr aufgegeben, wenn er vorbeikam. Eines Tages ging sie hinaus, um etwas Saft zu kaufen; als sie eine halbe Stunde später zurückkam, schwang die Tür des Appartements in ihrer Aufhängung, Schloß und Verriegelung waren durch ein Brecheisen zerstört. Das Innere der Wohnung war total durchwühlt. Sogar die Bettdecke war aufgeschlitzt. Ihre Sachen lagen überall verstreut. Und das ganze Kokain von Georges war weg. Irgend jemand hatte ihr Kommen und Gehen sehr genau beobachtet.

'Ich war verrückt, aber nicht so verrückt', sagt sie. 'Ich packte ein paar Kleidungsstücke zusammen und machte mich aus dem Staub; ich fuhr zu meiner Großmutter.'

Aber dies war nicht das Ende von Tinas Kokainkonsum. Sie brauchte es immer noch, je öfter, desto besser. Sie konnte sich nicht mehr vorstellen, wie sie sich ohne den Stoff fühlte. Sie lieh sich Geld von Freunden zusammen, von ihrer Großmutter, von Geschäftspartnern. Sie bat ihre Freunde, die gelegentlich Kokain konsumierten, ihr etwas davon abzugeben. Dann begann sie, Geld für Kokain zu stehlen. Sie hing in Single-Bars herum, von denen sie wußte, daß es dort Kokain gibt, und sie ging mit Männern ins Bett, die ihr Stoff anboten. Aber ohne Georges und den leichten Zugang zu seinem Kokain war es schwer, das alte Leben fortzusetzen, es brauchte einfach zuviel Zeit.

'Ich stahl den ganzen Schmuck meiner Großmutter und versetzte ihn, um Kokain zu kaufen', sagt sie, und ihre Stimme wird brüchig. 'Ich fühlte mich Elend deshalb, aber ich konnte mich selbst nicht stoppen. Ich brauchte dieses Kokain, um mich wieder okay zu fühlen. In Wirklichkeit fühlte ich mich ohne Kokain so, daß ich sterben wollte. Wenn ich mit dem Stoff aufstieg, konnte ich mir nicht vorstellen, jemals wieder zu fallen.'

Tina hörte erst auf, als alle ihre Quellen, um Kokain zu bekommen, versiegt waren. Sie kollabierte schließlich, war physisch und gefühlsmäßig so zerstört, daß sie in einem abgedunkelten Raum in der Klinik eine Woche bleiben mußte. Ruthie wartete hinter der Tür und war bereit, sie zu pflegen, um ihr ein bißchen von ihrer Gesundheit wiederzuholen.

'Ruthie wurde für zwei Wochen meine Mutter', erklärt Tina. 'Sie saß in diesem Raum mit mir und hielt mich, schaukelte mich wie ein Baby, verschaffte mir ein Gefühl von Sicherheit und fütterte mich. Sie nahm sich zwei Wochen frei von ihrer Arbeit, um das zu tun. Sie rettete mein Leben.' Ruthie half Tina, einen Therapeuten zu finden, und fuhr sie danach zweimal in der Woche zur Therapie; im ersten Monat war es ihr auf diese Art sicherer, daß Tina dort auch ankam.

Heute ist Tina seit sechs Monaten in der Therapie und hält sich hier selbst. In der Tat: Sie ist gesünder, als sie je gewesen ist. Und sie hat keine Illusionen über ihre Erfahrungen mit Kokain.

'Für mich war Kokain Gift, fast Tod', sagt sie. 'Daran ist überhaupt nichts gut für mich gewesen. Das ist alles, was ich davon hatte.'

Sie streicht mit ihrer Hand über ihr wunderschönes Gesicht und läßt sie in ihren Schoß fallen. Es ist eine Geste wie unter einer schweren Last. In ihrer Hand hält sie ihre falschen Zähne, das komplette Gebiß. Ihr phantastisches Fotomodell-Gesicht ist nun total in sich selbst zusammengefallen; es ist das Gesicht einer alten Frau mit der Haut eines jungen Mädchens. Dank Kokain sind Tinas wunderschöne weiße Zähne und ihr perfektes Lächeln für immer vorbei. Tina ist - wie viele andere rehabilitierte Kokainsüchtige - weniger gefährdet, mit Kokain rückfällig zu werden, weil die negativen Folgen so schmerzhaft erinnert werden."

5. KOKAIN ALS WUNDERDROGE

War Alkohol lange Zeit das bevorzugte Genuß- und Nahrungsmittel der abendländischen Kultur, eroberten im 17. Jahrhundert die neuen Heißgetränke Kaffee, Tee und Schokolade Europa. Insbesondere der Kaffee wurde zum großen Ernüchterer der bis dahin vom Alkohol vernebelten Gesellschaft Europas. Anders als Alkohol berauschte er nicht, sondern stimulierte und hielt künstlich wach. Kaffee symbolisierte die neue bürgerliche Ideologie, die Vernunft, Rationalität und Geschäftigkeit auf ihre Fahnen geschrieben hatte. Kaffee, Tee, Schokolade und Tabak avancierten zu festen Bestandteilen der europäischen Massengenußmittelkultur.

Den Rauschdrogen Haschisch und Opium sowie den im 19. Jahrhundert entwickelten hochkonzentrierten Derivaten Morphium, Heroin und Kokain blieb dagegen diese Integration verwehrt. Der Umgang mit ihnen wurde bis zum Ende des 19. Jahrhunderts wohl recht freizügig gehandhabt. Zu Beginn des 20. Jahrhunderts deklarierte man sie als gefährliche, asoziale Rauschgifte, deren Gebrauch bürgerlicher Vernunft und Selbstdisziplin widersprach. Die Opiumkonferenzen mit dem Ziel, den weltweiten Handel mit Opium unter Kontrolle zu bringen, stellten den Auftakt der nun einsetzenden Kriminalisierung dar und bildeten gleichzeitig die Grundlage der nationalen Drogengesetze.

Im 19. Jahrhundert entwickelte die chemische Industrie aus relativ schwachen Pflanzenprodukten hochwirksame synthetische Extrakte. 1806 extrahierte Friedrich Wilhelm Sertürner aus Opium Morphium, 1827 begann die deutsche Pharmafirma Merck mit der kommerziellen Morphium-Produktion. Schon 1855 isolierte der deutsche Apotheker Friedrich Gaedecke ein Alkaloid oder Alkaloidgemisch aus Kokablättern, dem er den Namen *Erythroxylin* gab. Die Entdeckung des Kokains gebührt aber seinem Landsmann und Berufskollegen Albert Niemann, der im Jahre 1860 das Alkaloid Kokain erstmals in seiner Reinform herstellte. Wiederum war es der Darmstädter Pharmabetrieb Merck, der 1862 die Massenproduktion aufnahm. 1898 brachte Bayer in Elberfeld das Heroin auf den Markt.

Anfangs glaubten die Ärzte, mit Kokain ein wahres Wundermittel entdeckt zu haben. Kokain und kokainhaltige Mittel wurden gegen unzählige Krankheiten wie Keuchhusten, Erkältung, Asthma, Durchfall, Neuralgie, Seekrankheit, Vaginismus, Schwangerschaftserbrechen, Tripper, Syphillis und chronischen Katarrh verschrieben. Daneben setzten Ärzte wie W. H. Bentley Kokain bei der Entzugsbehandlung von Alkoholikern und Morphiumsüchtigen ein. Bentley kommt 1880 zu folgendem Resultat:

> "In physiologischer und in pathologischer Hinsicht halte ich die Opiumabhängigkeit und die Alkoholabhängigkeit, d.h. die Unfähigkeit, sich der Trunkenheit zu enthalten (...) für nahezu oder gänzlich identisch (...)
>
> Sowohl Opium wie Alkohol wirken in niedriger Dosis als Stimulanzien, in höheren Dosen als Schlafmittel und werden, wenn entsprechend hohe Dosen verabreicht werden, narkotische Gifte, die fähig sind, tödlich zu wirken. Der gewohnheitsmäßge Gebrauch beider Stoffe kann erworben werden und wird letztlich, wenn er ausreichend betrieben wird, zu einem unwiderstehlichen Zwang.
>
> Das ist zumindest bei nahezu allen seinen Opfern der Fall. Diese Opfer nehmen die Droge ihrer Wahl,

an die sie sich gewöhnt haben, um ihren anregenden Effekt zu erleben, der, wenn er ein gewisses Ausmaß erreicht, eine glückliche - ätherische - Sensation bewirkt. Wenn diese nachläßt, dann bleibt eine unangenehme Sensation des Stimmungsabfalls, die das Verlangen nach einer neuen Dosis weckt, und so geht's ad infinitum weiter. Wenn diese Gewohnheit entsprechend lang anhält, bei beiden Substanzen, wird das Gehirn narkotisiert, und das Nervensystem zerstört. Schließlich kommt es zum fatalen Ausgang.

Wenn nun das Opfer des Opiums oder des Alkohols ein Präparat finden könnte, das ihm seine gewohnte Anregung bringt, ohne ein depressives Gefühl zu hinterlassen, könnte eine solche Person sich, mit geringer Unterstützung ihrer Willenskraft, von seinem Laster befreien und wieder seinen Normalzustand erlangen.

Im Erythroxylon coca finden wir diesen Stoff. In der richtigen Dosis ruft er ein höchst exaltiertes geistiges Gefühl hervor, das viel ekstatischer ist, als Gefühle, die durch Opium oder Alkohol jemals hervorgerufen werden können. Nach einigen Stunden schwindet der Effekt dahin und hinterläßt ein Gefühl von überschäumendem Behagen, das in keiner Weise von einer Depression gefolgt wird.

Diese mir vertraute Eigenschaft des Erythroxylon brachte mich dazu, mit ihm Experimente anzustellen. Das war im Jahr 1874 (...) Seit damals habe ich nach Gelegenheiten gesucht, seine Wirkungen häufiger auf die Probe zu stellen, wann immer ich von einem entsprechenden Fall hörte. Auch wenn dieser sich in einem andern Land aufhält, empfehle ich aus eigenen Stücken die Erythroxylon coca."

Selbst das Militär interessierte sich damals für die Droge und versuchte, ihre Wirkung für sich nutzbar zu machen. Im Herbst 1883 testete der Armeearzt Theodor Aschenbrandt Kokain an Angehörigen eines bayerischen Regiments und kam zu dem Schluß, daß die Droge die körperliche Belastbarkeit steigere. Der von ihm betreute Truppenteil wies den mit Abstand niedrigsten Krankenstand auf. Aschenbrandt machte dafür die "belebenden Eigenschaften des Cocain" verantwortlich.

Neben seinen "belebenden Eigenschaften" wies Kokain aber noch weitere Verwendungsmöglichkeiten auf. Schon Sigmund Freud vermutete, daß man die Droge zur örtlichen Betäubung verwenden könne. Aber es blieb seinem Kollegen, dem Wiener Augenarzt Dr. Karl Koller, vorbehalten, 1884 Kokain als erstes (und einzig natürlich vorkommendes) Lokalanästhetikum in die Medizin einzuführen, wovon besonders die operative Augen- sowie Hals-, Nasen- und Ohrenheilkunde profitierte.

Auch der Berliner Chirurg August Bier bediente sich der anästhesierenden Wirkung des Kokains. Er spritzte 1899 Kokainlösungen direkt in die Rückenmarksflüssigkeit, wodurch die untere Körperhälfte betäubt und somit für Operationen - bei vollem Bewußtsein des Patienten - zugänglich gemacht wurde. Diese Methode ging in die Medizingeschichte als *Lumbal-Anästhesie* ein. Heutzutage werden anstelle von Kokain besser wirkende und ungefährlichere Mittel wie etwa Novocain verwendet.

Im gleichen Jahr, als Koller das Lokalanästhetikum Kokain in die Medizin einführte, publizierte Sigmund Freud seine Schrift *Über Coca*, in der er seine eigenen Erfahrungen mit Kokain beschrieb:

"Wenige Minuten nach der Einnahme stellt sich eine plötzliche Aufheiterung und ein Gefühl von Leichtigkeit her (...) Die psychische Wirkung (...) besteht in einer (...) anhaltenden Euphorie, die sich von der normalen Euphorie des gesunden Menschen in gar nichts unterscheidet (...) Man fühlt eine Zunahme der Selbstbeherrschung, fühlt sich lebenskräftiger und arbeitsfähiger (...) Man ist eben einfach normal und hat bald Mühe, sich zu glauben, dass man unter irgend welcher Einwirkung steht."

Freud war offensichtlich von der Wirkung der Droge äußerst angetan und empfahl Kokain bei der Behandlung von Ermüdungserscheinungen, Verdauungsbeschwerden, Asthma und Depressionen. Seine positive Haltung könnte nicht deutlicher ausfallen: "Die Coca ist ein weit kräftigeres und unschädlicheres Stimulans als der Alkohol und ihrer Anwendung in grossem Massstabe steht derzeit nur ihr hoher Preis im Wege."

Kokain übte einen wesentlichen Einfluß auf Freud aus. So scheint die Droge bei der Entstehung der Psychoanalyse eine nicht unbedeutende Rolle gespielt zu haben. Wie Jürgen vom Scheidt mutmaßt, "muß das Kokain Freuds Unbewußtes mächtig angeregt und bestimmte Verdrängungsschranken gelockert haben, was nachhaltig zur Entdeckung der unbewußten Vorgänge und damit zur Schöpfung der Psychoanalyse beitrug - und damit zu mächtigen Veränderungen unserer gesamten westlichen Kultur".

Aber die medizinische Anwendung der Droge hatte auch ihre Schattenseiten. Wie andere Ärzte vor ihm, sah auch Freud im Kokain ein wirksames Mittel zur Entzugsbehandlung von Alkoholikern und Morphinisten. So versuchte er, seinen Freund und Arztkollegen Ernst v. Fleischl mit Kokain von dessen Morphiumsucht zu heilen. Mit fatalen Folgen: Fleischl wurde hochgradig kokainabhängig und ging 1891 an seiner Sucht zugrunde. Der tragische Tod Fleischls sowie Vorwürfe von Seiten namhafter Kollegen ließen Freud vom Kokain Abstand nehmen.

Einer der bekanntesten Kritiker der Droge war A. Erlenmeyer. Er warnte vor dem bedenkenlosen Gebrauch von Kokain und verurteilte den Versuch, Morphiumsüchtige mit Kokain zu therapieren: "Die Strafe folgte in fürchterlicher Gestalt: aus dem Gebrauch wurde Mißbrauch, die zu Hilfe gerufenen Geister verwandelten sich in verderbenbringende Furien." Er sah im Kokain, gleich nach Alkohol und Morphium, "die dritte Geißel der Menschheit".

Aber nicht nur als Substitutionsmittel für Alkohol und Morphium war der Einsatz von Kokain bedenklich. Aufgrund der hohen Toxizität von Kokain und seiner geringen Wirkungsbreite für therapeutische Zwecke kam es immer wieder zu schweren Zwischenfällen bis hin zu tödlichen Unfällen. Die Kritik am medizinischen Einsatz von Kokain wuchs. Fieberhaft suchte man nach ungefährlicheren Lokalanästhetika. Mit der Entdeckung des Novocains im Jahre 1905 wurde ein wichtiger Schritt in diese Richtung getan. Als Substitutionsmittel bei der Entzugsbehandlung von Morphinisten löste Heroin kurzzeitig das Kokain ab. Aber noch heute ist Kokain Bestandteil des medizinischen Repertoires.

6. VOM WUNDER- ZUM UNHEILMITTEL

Die euphorische Haltung von Medizinern, die anfänglich im Kokain eine Art Wundermittel sahen, war letztlich von sekundärer Bedeutung für die Ausbreitung des Kokainkonsums. Es waren vor allem gesellschaftliche Veränderungen, die zum massenhaften Gebrauch der Substanz führten.

Die Industrielle Revolution veränderte zunehmend den Lebens- und Arbeitsrhythmus der Menschen. Mit dem Übergang von der agrarisch-handwerklichen Produktionsweise zur Fabrikarbeit ging nicht nur die allmähliche Trennung von Familie und Beruf, von privatem Haushalt und öffentlicher Arbeit einher. Mit dem Aufkommen von Verlagssystem und Heimarbeit, später der Manufakturen und schließlich des Fabriksystems vollzog sich auch eine schrittweise *Enteignung* der Produzenten, nämlich insofern, als sie - vereinfacht gesprochen - die Bestimmung über Ort, Zeit und Ablauf ihrer Arbeit an die Unternehmer abgaben.

Die Ernährungsweise paßte sich den veränderten Bedingungen an. Der Verbrauch von schnellen Energielieferanten wie Kaffee, Tee, Zucker und tierischem Eiweiß stieg rapide an. Daneben lernten die Menschen die Vorzüge der Drogen kennen. Sie sollten helfen, die durch schlechte Arbeits-, Wohn- und Lebensbedingungen, zumal in Fabriken und städtischen Slums, arg strapazierten Körper zu beruhigen und zu entspannen. Eine Passage aus der Abhandlung *Berauschende Profite - Das weltweite Geschäft mit den Drogen*, publiziert in der Reihe *Entwicklungspolitische Korrespondenz* und zitiert von Hermann Herf, verdeutlicht die Stellung der Drogen als Antriebsfeder des Arbeits- und Freizeitlebens moderner Industrienationen:

> "Arbeitsleben und Freizeit sind ohne die industriell hergestellten Drogen, deren Gebrauch das psychische Befinden und Erleben beeinflussen, schwer vorstellbar. Da werden Zigaretten geraucht, um Anspannung und Nervosität zu unterdrücken, koffeinhaltige Getränke geschlürft, um wach zu bleiben, Alkohol geschluckt, um vor Problemen und Verzweifelung zu entfliehen, aber auch nur, um am Verhandlungstisch oder Stammtisch die Zungen zu lösen. Psychopharmaka dienen der Ruhigstellung, als Schlafmittel, zur Schmerzbetäubung und zur Erhöhung der Leistungsfähigkeit."

Kokain spielte bei der Erhaltung der menschlichen Arbeitskraft eine wichtige Rolle. Nicht zuletzt war es aufgrund seiner belebenden Wirkung ein geschätzter Müdigkeitskiller. So mischte der Korse Angelo Mariani Bordeaux-Wein mit Kokablättern und ließ sein Getränk 1863 als *Vin Mariani* patentieren. Marianis Kokawein wurde ein riesiger kommerzieller Erfolg. Aber Mariani war nicht nur kaufmännisch talentiert. Durch eigene wissenschaftliche Publikationen verlieh er seinem Wein den Ruf einer Arznei mit vielfältigen therapeutischen Eigenschaften. Zu seinen Kunden gehörten neben dem einfachen Volk zahlreiche hochgestellte Persönlichkeiten wie die Schauspielerin Sarah Bernhardt, der Schriftsteller Jules Verne, der Erfinder Thomas Edison, die englische Königin Victoria, die Päpste Leo XIII. und Pius X. sowie die US-Präsidenten Grant und McKinley. Sie alle lobten Marianis Wein in den höchsten Tönen. So schrieb Jules Verne an Mariani:

> "Seitdem eine einzige Flasche von Marianis aussergewöhnlichem Kokawein eine hundertjährige Lebensdauer garantiert, freue ich mich, das Jahr 2700 zu erleben. Gut, ich habe keine Einwände. Ihr sehr dankbarer (...)"

Der Sekretär des amerikanischen Präsidenten McKinley schickte folgendes Dankschreiben:

> "Sehr geehrter Herr. Bitte nehmen Sie den Dank des Präsidenten entgegen. Im Namen des Präsidenten, seinen als auch meinen, Dank für Ihre Freundlichkeit, uns eine Kiste des berühmten Mariani-Weines zu schicken, dessen stärkende Eigenschaften mir bereits bekannt waren. Ich freue mich, Ihnen in Zukunft behilflich sein zu können, falls dies erforderlich ist. Mit vorzüglicher Hochachtung, John Addison Porter, Sekretär des Präsidenten William McKinley."

Der Erfolg des Kokaweines spornte Marianis Erfindungsreichtum weiter an; bald darauf beglückte er seine Kunden auch mit *Mariani-Pastillen* und *Mariani-Tee*.

Auch ein anderes Koka-Getränk sollte Weltruhm erlangen. Im Jahre 1886 stellte der amerikanische Apotheker John S. Pemberton einen Sud her, der gegen Kopfschmerzen und allgemeine Erschöpfung helfen sollte. Er wurde aus Kokablättern, Kola-Nüssen, Sirup und Wasser gemixt und bekam den verheißungsvollen Namen *Coca-Cola*. 1891 kaufte Asa G. Candler Pemberton die Herstellungs- und Vertriebsrechte ab. Schon ein Jahr später gründete er die *Coca-Cola Company* und begann mit der Vermarktung des Getränks. Bis 1906 enthielt *Coca-Cola* tatsächlich Kokain. Auf Druck der Anti-Kokain-Liga wurde das Kokain dann durch Koffein ersetzt und *Coca-Cola* von nun an nur noch auf der Basis entkokainisierter Kokablätter hergestellt.

So wuchs in der zweiten Hälfte des 19. Jahrhunderts aus der kleinen Medikamentenherstellung eine riesige Pharmaindustrie heran. Gegen Endes des 19. Jahrhunderts vermarktete sie bereits mit einem ungeheuren Werbeaufwand ihre morphium- und kokainhaltigen Patentarzneien. Besonders in den USA fanden sie reißenden Absatz. Am Anfang des 20. Jahrhunderts gab es in den Vereinigten Staaten schon 50.000 patentierte Medikamente. Unter ihnen war eine Vielzahl kokainhaltiger Mittel in Form von Tabletten, Kapseln, Sprays, Pulvern und Einreibemitteln. Daneben konnte man Kokain in Ampullen für die Injektion sowie Kokainzigarren, -zigaretten und -kaugummis kaufen. Wie mächtig die Pharmaindustrie war, läßt sich daran ersehen, daß von dem damals verbrauchten Kokain weniger als 10 % durch die Hände der Ärzte gingen. Der weitaus größte Teil konnte in Drugstores und Apotheken legal, rezeptfrei und billig erstanden werden.

Der Kokainverbrauch der Amerikaner stieg stetig an. Wurden 1904 53.000 Pfund Kokablätter in die USA eingeführt, importierte man ein Jahr später schon 300.000 Pfund und 1906 gar 2,600.000 Pfund, genug, um 10 Tonnen reines Kokain herzustellen. Aber es regte sich auch Widerstand gegen den wachsenden Kokaingebrauch. Entsprechende Ressentiments richteten sich um die Jahrhundertwende in den USA vor allem gegen die Kokain konsumierende schwarze Bevölkerung. Insbesondere die Koks schnupfenden schwarzen Farmarbeiter in den Südstaaten wurden zur Zielscheibe heftiger Attacken.

Drogengegner und Rassisten schufen in den kommenden Jahren das Bild vom kokainbesessenen Neger, der mit Gewalttätigkeiten und sexuellen Ausschweifungen in Verbindung gebracht wurde. Dabei tat sich besonders der von staatlicher Seite mit Drogenfragen beauftragte Arzt Hamilton Wright hervor. Er hetzte: "Es ist von kompetenter Seite festgestellt worden, daß Kokain direkter Auslöser für Vergewaltigungsverbrechen durch die Neger der Südstaaten ist." Die Angst vor den "kokainverrückten Niggern" gipfelte darin, daß man die Polizeieinheiten der Südstaaten mit großkalibrigen Waffen ausrüstete - mit dem Argument, amoklaufende Schwarze seien mit normalen Handfeuerwaffen nicht mehr zu stoppen. Nach Aussage des Soziologen Peter Selling hatte die Hetzkampagne zur Folge, daß dem bislang wertfrei betrachteten Kokain zunehmend der Makel anhaftete, kriminelle Aktivitäten auszulösen.

Hilfe bekamen die Kokain-Gegner von Seiten der Ärzteschaft. Auch diese trat verstärkt für ein Verbot der Droge ein. Dabei scheint das ärztliche Engagement weniger medizinisch motiviert gewesen zu sein, sondern gründete sich in erster Linie auf finanzielle Überlegungen. Der Buchautor und Szene-Kenner Robert Sabbag glaubt,

> "daß die Ärzteschaft damals für das Verbot des Kokains plädierte, nicht weil man über Beweise verfügte, daß es sich um eine gefährliche Droge handelte, sondern weil man das eigene Behandlungsmonopol gefährdet sah. Kokain war zu einem Riesengeschäft geworden, dessen Ströme an den Ärzten und Zahnärzten vorbeiflossen. Die Leute konnten in die Apotheke gehen und sich ein Medikament kaufen. Sie nahmen das Mittel ein und fühlten sich wohl. Wozu gab es dann noch Ärzte?"

In der Folge wurden restriktive Maßnahmen gegen den Kokaingebrauch erlassen. 1914 existierten schon in 46 US-Bundesstaaten Gesetze, die den Gebrauch und Vertrieb von Kokain reglementierten. Das 1914 verabschiedete und am 1. März 1915 in Kraft getretene Harrison-Gesetz - anfänglich ein reines Steuergesetz und erst im nachhinein von den *Hardlinern* der Drogenpolitik in ein repressives juristisches Instrument umfunktioniert - führte dann zur endgültigen Kriminalisierung des Kokaingebrauchs. Dieses erste Anti-Drogengesetz der USA auf Bundesebene umfaßte neben Kokain auch Morphium und Heroin. Mit der Kriminalisierung der Droge ging die Zahl der Kokainkonsumenten unter den Schwarzen stetig zurück. Sie konnten die durch die Illegalisierung nun sehr teuer gewordene Droge nicht mehr bezahlen. Kokain avancierte zum Statussymbol, zur Droge der Betuchten.

Die Opiumkonferenzen

Auch international gingen die Drogengegner in die Offensive. Die globale Drogenbekämpfung nahm ihren Anfang mit der 1909 im chinesischen Shanghai abgehaltenen ersten Opiumkonferenz, an der Delegierte aus dreizehn Ländern, darunter China, Deutschland, England, Frankreich, die Niederlande, Rußland und die USA, teilnahmen. Ziel der Konferenz war es, den weltweiten Opiummißbrauch unter Kontrolle zu bringen. Shanghai hatte als Tagungsort symbolträchtigen Charakter, da besonders China von der Opiumpest heimgesucht wurde. Mitte des 19. Jahrhunderts gab es dort schon zwei Millionen Opiumraucher, Anfang des 20. Jahrhunderts sollen es gar zwischen 20 und 40 Millionen gewesen sein. Der Opiumkonsum zog sich quer durch alle gesellschaftlichen Schichten, wie die Ausführungen eines englischen Missionars eindrucksvoll belegen:

> "Große chinesische Handelshäuser halten für ihre Geschäftsfreunde Opium bereit. Die besten Ärzte erwarten, bei Hausbesuchen zu einer Pfeife Opium eingeladen zu werden und nehmen es sehr übel, wenn eine solche Einladung nicht ausgesprochen wird. Verwaltungsbeamte und Polizisten sind zu einer Amtshandlung, und sei sie noch so dringend, nur bereit, wenn ihnen zuvor eine Pfeife Opium gereicht worden ist. In wohlhabenden Familien gehö-

> ren die zum Opiumrauchen notwendigen Gerätschaften zum festen Bestandteil des Haushalts (...) Das Laster des Opiumrauchens bedroht seit langem den Wohlstand und das Wohlergehen dieses Volkes. In allen Teilen des Reiches steigt der Opiumverbrauch immer noch rapide an. Seine verhängnisvollen Folgen zeigen sich immer deutlicher. Man sieht die unglücklichen Opfer immer häufiger und in immer größeren Zahlen. Die Lokale, in denen es angeboten wird, werden immer mehr, und die Nation wird immer ärmer."

Verantwortlich für den eskalierenden Opiumkonsum waren vor allem die Engländer. Sie versorgten die chinesische Bevölkerung mit Unmengen Opium, das sie aus Indien in das Reich der Mitte exportierten. So betrug der Export von Opium 1858 4.691,7 Tonnen, 1872 5.697,1 Tonnen und 1879 6.702,4 Tonnen. Für die Briten bedeutete der Handel mit Opium ein Riesengeschäft, das sie mit all den ihnen zur Verfügung stehenden politischen und militärischen Mitteln - nicht zuletzt den Opiumkriegen - verteidigten. Ihr Interesse an restriktiven Maßnahmen zur Einschränkung des Opiumhandels waren dementsprechend gering. Schon 1843 bemerkte der chinesische Kaiser Tai Kwong recht treffend: "Die Einführung des fließendes Giftes ist nicht zu verhindern, solange geldgierige und korrupte Männer aus dem Laster und dem Elend meiner Untertanen Nutzen ziehen."

Auch die Amerikaner, auf deren Initiative die Konferenz in Shanghai zustande kam, wurden in ihrem Vorgehen primär von wirtschaftlichen und politischen Überlegungen geleitet. Ihr Ziel war es, so führt Selling in seinem Buch *Die Karriere des Drogenproblems in den USA* aus, England mit seiner Pro-Opium-Politik zu diskreditieren, um sich selbst in den Augen Chinas, das sich seit langem erfolglos gegen die Opiatisierung seiner Bevölkerung zur Wehr setzte, als Freund darzustellen. Mit dieser Anti-Opium-Politik hofften die USA, die Gunst Chinas zu gewinnen und somit ihren eigenen politischen und wirtschaftlichen Einfluß im südostasiatischen Raum ausdehnen zu können.

Vergegenwärtigt man sich die unterschiedlichen nationalen Interessen, kann es nicht verwundern, daß eine Einigung in Shanghai nicht zustande kam und die angenommenen Resolutionen lediglich empfehlenden Charakter hatten.

Im Dezember 1911 begann in Den Haag die zweite Opiumkonferenz. An ihr nahmen Vertreter aus zwölf Ländern teil. Zum ersten Mal stand auch Kokain zur Debatte. Selling faßt das Ergebnis der Konferenz zusammen:

> "Das Resultat der Konferenz, das Internationale Opium-Abkommen von Den Haag, auferlegte den vertragsschließenden Parteien keinesfalls strenge Kontrollmaßnahmen. Produktion und Distribution der dem Abkommen unterfallenden Substanzen - Opium, Kokain und deren Derivaten - sollten durch ein abgestuftes System regulativer Maßnahmen überschaubar gemacht werden. Zu diesem Zweck übernahmen die Unterzeichner Verpflichtungen hinsichtlich des Im- und Exportes, der genauen Warendeklaration und -kennzeichnung, der Erteilung von Herstellungs- und Handelsgenehmigungen sowie Importlizenzen und dergleichen. Der Erlaß von Arzneimittelgesetzen sollte den Gebrauch von Drogen auf ausschließlich medizinische Zwecke beschränken. Ferner enthielt das Abkommen die Verpflichtung, Maßnahmen gegen unkontrollierte Drogenabgabe an Unberechtigte zu ergreifen.

> Auf welche Weise dies alles durchzuführen war, blieb dem freien Ermessen des jeweiligen Unterzeichnerstaates überlassen, wobei ausdrücklich Raum für nationale Besonderheiten und Interessen gelassen wurde."

Deutschland, damals einer der größten Kokainproduzenten der Erde, wehrte sich vehement gegen die Aufnahme von Kokain in die Liste der zu kontrollierenden Substanzen. Als diesem Antrag nicht stattgegeben wurde, verweigerte die deutsche Delegation die Ratifizierung der Konvention mit der fadenscheinigen Begründung, eine aus nur zwölf Staaten bestehende Konferenz sei nicht befugt, ein weltweit verbindliches Abkommen zu beschließen. Erst nach dem Ersten Weltkrieg konnte Deutschland und seinen Verbündeten im Versailler Vertrag die Annahme der Haager Konvention diktiert werden. Das *Gesetz zur Ausführung des Internationalen Opiumabkommens (vom 23.1.1912) vom 30.12.1920*, das erste deutsche Betäubungsmittelgesetz, trug dieser Entwicklung Rechnung.

In den kommenden Jahren folgten weitere internationale Vereinbarungen im Kampf gegen den weltweiten Drogenmißbrauch, so 1925 die in Genf beschlossene zweite Opiumkonvention, die die Verwendung von Narkotika auf wissenschaftliche und medizinische Zwecke beschränkte. Im Jahre 1961 verabschiedete man in New York die *Single Convention on Narcotic Drugs*, die alle bis dato existierenden Vereinbarungen zusammenfaßte und ersetzte. Eine Ergänzung erfuhr dieses Einheitsabkommen durch die 1971 in Wien vereinbarte *Convention on Psychotropic Substances*, in der dann auch Drogen wie Halluzinogene und Amphetamine Berücksichtigung fanden.

Zur gleichen Zeit, als in den USA das Harrison-Gesetz verabschiedet wurde, sah Europa den Anfang einer Welle von Kokainmißbrauch, die sich bis in die zwanziger Jahre hineinzog. Vor dem Ersten Weltkrieg, im Krieg selbst und vor allem in den Zwischenkriegsjahren setzte sich in Europa der Schnupfkokainismus durch. Den Beginn machte Frankreich. Dort kam es in den Jahren vor dem Ersten Weltkrieg zu einer starken Ausbreitung des Kokaingebrauchs, die besonders die Hauptstadt Paris erfaßte. Der französische Neurologe Guillan schätzte, daß zwischen 1912 und 1914 etwa die Hälfte der Montmatre-Prostituierten Kokainistinnen waren.

Kokainkonsum wurde vor allem mit der Halb- und Unterwelt in Verbindung gebracht. Einer 1913 in der französischen Hauptstadt abgehaltenen Enquête zufolge waren die Kokainkonsumenten unter den "Minderwertigen, den Haltlosen, den Lügnern, Schwindlern und Gesellschaftsfeinden" zu finden. In Frankreich wurde - im Gegensatz zu vielen anderen europäischen Ländern - Kokain frühzeitig kriminalisiert. Seit 1916 gab es dort eine schärfere Verfolgung des Kokaingebrauchs.

Während der Kriegsjahre stieg der außermedizinische Gebrauch von Kokain weiter an. In größerem Ausmaß war davon die Schweiz betroffen, die sich in dieser Periode als Zentrum emigrierter Kokainisten und des europäischen Kokainhandels entpuppte. Unter den Soldaten der französischen und russischen Armee soll damals das Kokainschnupfen eine weit verbreitete Erscheinung gewesen sein. Deutsche Jagdflieger benutzten Kokain bei ihren Nachteinsätzen.

Nach dem Ersten Weltkrieg eskalierte der Kokainmißbrauch in Europa. Mehrere Faktoren spielten hierbei eine Rolle. Durch die ungeregelte Auflösung medizinischer Heeresbestände gelangten nach Kriegsende große Mengen Kokain unter die Leute. Dies fiel zusammen mit der Nachkriegssituation und dem Wunsch vieler, die Leiden des Krieges und die Angst vor der Zukunft im Rausch der Droge zu vergessen.

Die "Goldenen Zwanziger"

Kokain entwickelte sich im Europa der zwanziger Jahre zu einer Modedroge. 1924 soll die Zahl der Kokainsüchtigen in Frankreich fast 100.000 betragen haben. In der Sowjetunion streunten sieben Millionen durch Revolution und Bürgerkrieg verwahrloste Kinder durch die Straßen der Großstädte. Die *besprisornyjes*, wie die Minderjährigen im Volksmund genannt wurden, lebten von Diebstählen und Einbrüchen. Sie griffen zu Kokain, um mit Hilfe der Droge Hunger und Schmerzen zu unterdrücken. Berndt Georg Thamm zitiert in seinem Werk *Andenschnee: Die lange Linie des Kokain* D. Futer, der 1925 im *Moskovskij medicinskij zurnal* über diese Kinder berichtete:

> "Diese Sucht nimmt mit der Zahl der obdachlosen Kinder zu. In den grossen Städten Moskau, Kiew, Leningrad finden sich 10 % Rauschgiftsüchtige unter den obdachlosen Kindern. Der grössere Anteil betrifft die Knaben. Unter den Kindern der Nachtasyle betragen diese Prozentzahlen 35-40 %. Morphingebrauch ist am seltensten. Die in Schlupfwinkeln, Bahnhöfen (Waggons), Asylen für Erwachsene sich verbergenden Kinder werden nicht erfasst. Kinder verlassen sogar dauernd die Eltern, um Cocain zu schnupfen und Alkohol zu sich zu nehmen. Viele gebrauchen diese Mittel heimlich in den Familien. Alkohol wird mehr konsumiert, eine halbe Flasche kostet bis 75 Kopeken, eine Cocainprise bis 3 Rubel. Diese Kinder rauchen bis 50 Zigaretten täglich. Von den Schulkindern rauchen bis 90 %, von den Obdachlosen 100 % (...) Die Mittel werden ausschliesslich durch Diebstahl verschafft.

> Die nahen Beziehungen zwischen Rauschgiften und Sittenverfall liegen zutage. 200 Kinder wurden genauer beobachtet im Alter von 9-17 Jahren. (...) Selbst unter den Obdachlosen fallen die Rauschgiftsüchtigen durch das greisenhafte Aussehen auf, sie haben den Spitznamen 'Die Greisen'. Die Schädigungen sind körperlicher und nervöser Art. 5 % sind tuberkulös. Gehörs- und häufige Gesichtshalluzinationen werden beobachtet. Es werden 5-7 g Cocain in 24 Stunden geschnupft."

Zur europäischen Kokainmetropole der zwanziger Jahre stieg Berlin auf. Dort waren von den 4,5 Millionen Einwohnern zehn- bis zwanzigtausend Kokainkonsumenten. Die Kokainsubkultur traf sich in den zahlreichen Lokalen Berlins. Von einer solchen Kokainhöhle berichtet L. Lewin:

> "Es gibt Kokainhöhlen in Berlin, bessere oder schmutzstarrende Lokale, von denen erst im Beginn dieses Jahres eines mit gegen hundert Gästen von der Polizei ausgehoben wurde, in denen Männer und Frauen aus allen Gesellschaftsschichten, auch Akademiker, Schauspieler usw. Stunden erfüllter Begierde als wesenlose Lebewesen dahindämmern, oft tagelang ohne irgendwelche Nahrung zu sich zu nehmen, weil das Kokain durch Lähmung der Magennerven ein Hungergefühl nicht aufkommen läßt. Sie geben, was sie besitzen, selbst notwendige Kleidungsstücke, hin, um das ersehnte narkotische Glück zu gewinnen. Die phantasievollsten Schilderungen der Nachtseiten des menschlichen Lebens, eine Hogarthsche Zeichnung der 'Punschgesellschaft', und andere, die das Herabgesunkensein des Individuums auf ein Niveau, das noch unter

dem eines Tieres liegt, stellen, erreichen an Abstossendem nicht die Höhe des Eindrucks, den eine solche Vereinigung von Verkommenheit in den aktiven Stadien des Kokainismus darbietet."

Kokain kursierte sowohl bei den oberen Zehntausend als auch in der Welt der Ganoven. In einem sind sich Aristokrat und Vagabund durchaus ähnlich: Ihr Handeln ist durch den Drang nach Ehre, Gunst und Beifall bestimmt. Wie der brave Bürger bedienen auch und gerade sie sich der Strategien, um die Wertschätzung ihrer Person zu erhalten und, wo möglich, zu erhöhen. Und sei es, um durch den Besitz der richtigen Droge dazuzugehören. Vor allem in Künstlerkreisen war die Droge beliebt. In den ersten Jahrzehnten des 20. Jahrhunderts entstand eine Vielzahl von Gedichten, Novellen und Romanen, die Kokain zum Thema hatten, so 1917 das Gedicht *Kokain* von Gottfried Benn:

"Den Ich-zerfall, den süßen, tiefersehnten,
Den gibst Du mir: schon ist die Kehle rauh,
Schon ist der fremde Klang an unerwähnten
Gebilden meines Ichs am Unterbau.

Nicht mehr am Schwerte, das der Mutter Scheide
Entsprang, um da und dort ein Werk zu tun
Und stählern schlägt-: gesunken in die Heide,
Wo Hügel kaum enthüllter Formen ruhn!

Ein laues Glatt, ein kleines Etwas, Eben-
Und nun entsteigt für Hauche eines Wehns
Das Ur, geballt, Nicht-seine beben
Hirnschauer mürbesten Vorübergehns.

Zersprengtes Ich-o aufgetrunkene Schwäre-
Verwehte Fieber-süß zerborstene Wehr-:
Verströme, o verströme Du-gebäre
Blutbäuchig das Entformte her."

1918 verfaßte der junge expressionistische Lyriker Walter Rheiner seine Novelle *Kokain*. Rheiner wußte, worüber er schrieb - er war selbst Kokainist:

> "Nein! Niemand hörte diesen verzweifelten Menschen, *am wenigsten jener gütige Vater, dessen unerbittliche schwarze Stirn vor den grossen Atelierfenstern stand, starr, unberührt, unbeweglich!*
>
> 'Komm, leg dich hin und sei ruhig', sagte Marion, 'ich möchte schlafen. Mach das Licht aus.'
>
> Tobias entkleidete sich vollständig. Marion schaute krampfhaft weg. Auch der untere Rand seines Hemdes war voll Blut von den Injektionsstichen in beide Oberschenkel. Es war sein einziges Hemd, das er seit drei Wochen trug; alle andere Wäsche hielt seine Zimmerwirtin in Charlottenburg zurück, als Pfand für die schuldige Miete. Er stank, sich selbst ein Abscheu, widerlich, verhasst.
>
> Er stellte die Medizinflasche auf den Stuhl, legte die Spritze zurecht, streckte sich unbedeckt auf das Lager aus und löschte die Kerze.
>
> Atemlos wartete er einige Minuten und starrte regungslos zur Decke empor, die auf dieser Zimmerseite bis zur Hälfte und halb zur Wand herab aus Glas war. Marion regte sich nicht. Durch das Zimmer schlich, träge, schleimig, die Nachtzeit. Es war, als zöge sie quer durch das Atelier, von einer Wand zur andern hin und her, dunkle klebrige Fäden, die einen Duft von geronnenem Blut ausströmten, vermischt mit dem süsslichen Parfüm des Kokains

und dem lebhafteren des Äthers.

Es war totenstill. Marion schien zu schlafen. Nur der Nachtwind liess manchmal die Scheiben der Fenster leise klirren. Tobias mahlte laut mit den Zähnen, wie er immer tat, wenn die Kokainvergiftung in ein bestimmtes Stadium getreten war. Dabei verzerrte sich sein Gesicht, und die Schläfen spielten wie Wellen. War nicht neulich, auf dem Alexanderplatz, eine alte hinkende Frau schreiend vor ihm geflüchtet, als sie dieses fratzenschneidende Gesicht sah?

Das Denken stand ihm still. Er lag regungslos und stierte zur Glasdecke hinauf. Von Zeit zu Zeit gab er sich im Dunkeln, und ohne näher hinzusehen, Kokain-Injektionen. Er fühlte an seinen misshandelten Oberschenkeln, an den Ober- und Unterarmen, das Blut rinnen. Gewiss tropfte es auch in die Bettlaken, die zu schonen Marion ihn gebeten hatte. Er kümmerte sich nicht mehr darum. Jetzt war er schon in einem Grade vergiftet, dass er, fast mechanisch, in immer kürzeren Zeitabständen Spritzen nehmen *musste, wie etwas Selbstverständliches, etwa wie Atmen oder Essen, nur um überhaupt weiterzuexistieren."*

Auch Georg Trakl und Ernst Jünger waren dem Kokain zugeneigt. Jünger schrieb: "Der 'Schnee', falls er auf eine intakte Physis trifft, entrückt den Geist in nüchterne Kälte und überlässt ihn, während er ihm die Wahrnehmung des Körpers abnimmt, einsamen Selbstgenuss."

Berühmt wurde der Roman *Kokain* des Schriftstellers Dino Segrè, den er 1921 unter dem Pseudonym Pitigrilli veröffentlichte. Die Geschichte des koksenden Journalisten Tito Arnaudi avancierte zu einem Bestseller der zwanziger Jahre:

> "Es besteht eine Art Freimaurerei unter den Kokainisten. Sie erkennen sich untereinander an gewissen Anzeichen, die nur sie erfassen: sie haben ihre Logen, gleichviel, ob demokratischer oder aristokratischer Art, denn sie geleiten sich gegenseitig von einer Loge zur anderen, von den Kabaretts des Montmatre zu den Villen der Porte Maillot, von der boîtes à étudiants des Quartier Latin zu den Tavernen des Montparnasse. In wenigen Monaten kannte Tito Arnaudi die fest mit der Geschichte und der Legende verbundenen Cafés, die kleinen Theater der Butte Sacrée, die Ausschänke von Likören, die unterirdischen Säle, die von fünf Uhr abends bis zur Morgendämmerung bei rhythmischer Blechmusik von lasziven Tänzen widerhallen; er verkehrte in all diesen halbgeduldeten und halbverborgenen Orten, Treffpunkte der Kokainisten, die fünfzig Prozent der habitués bilden. Er kannte jene kleine Welt, die rings um die Universität wimmelt: kleine Weibchen, zwischen fünfzehn und fünfunddreißig, die den romantischen Beruf der Studentenfreundin betreiben: kleine, anspruchslose Freundinnen, die sich mit einem halben Zimmer, einem halben Bett, einer Mahlzeit am Tage begnügen; der empfindsamen Laune einer Stunde folgend, heften sie sich an einen Studenten, aber die Stunde vergeht, die Neigung dauert an, zieht sich in die Länge, wandelt sich, und inzwischen vergeht ein Jahr, vergehen zwei Jahre, vergeht die erste Jugend, und die Freundin bleibt, beinahe treu, beinahe verliebt; dann macht der

junge Mann sein Doktorexamen und verläßt sie; und sie weint, vielleicht im Ernst, sie verzweifelt, vielleicht aufrichtig, und um sich zu trösten, hängt sie sich an einen anderen jungen Mann, jünger noch als der, der sie verlassen hat, jünger als sie selbst, und ihn in seiner Weisheit und seinen Torheiten lenkend, begleitet sie ihn durch seine sämtlichen Universitätskurse, durch die verschiedenen möblierten Zimmer, die ihr nicht mehr, aber ihm neu sind, in die Cafés, wo Karambolage und jacquets gespielt wird, in die vielen bouillons quartiers, wo man für fünf Francs die Illusion hat, zu zweien zu Mittag gespeist zu haben.

Und eines Tages bietet ein Student, der Arzneikunde studiert, dem Freund aus Großsprecherei ein wenig von dem weißen Pulverchen an, das er im Universitätslaboratorium unterschlagen hat; der andere nimmt es an, im Scherz oder aus Snobismus, nicht zum Vergnügen; denn die erste Prise ist immer unangenehm; aber dann wird es ihm unentbehrlich, und er sinkt umnebelten Geistes durch alle Stufen der Erniedrigung, bis zum Untergang. Die Gefährtin, die ihm durch die verschiedenen möblierten Zimmer, durch die Bars und 'bouillons' folgt, beginnt gleichfalls, lächelnd wie sie es tat, als sie zum erstenmal sich puderte, und dann (...)

In der nächsten Nacht waren Tito Arnaudi und Pietro Nocera in die Villa der Frau Kalantan Ter-Gregorianz eingeladen, eine Villa, die weiß schimmernd zwischen Étoile und der Porte Maillot, zwischen den Champs-Elysées und dem Bois, in jener mondänen Zone, die das aristokratische Kokainviertel bildet. In den luxuriösen Villen, in denen sich die verschiedenen 'tout Paris' versammeln (das politische tout Paris, das mondäne tout Paris, das künstlerische tout Paris), finden regelmäßige Zusammenkünfte statt, veranstaltet, um sich gemeinsam dem fröhlichen Rausch hinzugeben, den das Gift verursacht. Es sind Kollektivvergiftungen von Menschen, die der Wind hier zusammengeweht hat. Die jugendlichen Besucher des Turf und der Generalproben, die Unerwachsenen oder gerade eben mannbar gewordenen Kavaliere, die es für ihre Pflicht halten, auf ihrem Schreibtisch die letzte auf dem Büchermarkt geworfene Dichtung und im Bett die jüngste in die Lebenswelt lancierte Kokotte zu haben; die jugendlichen Pariser, die sich von den Künstlern der Vie Parisienne die Pyjamas zeichnen lassen und sich von tropischen Vögeln in Gelee nähren, lassen in die Konversation über kleine und große Argumente 'qui pullulent autour de nos tasses de thé' wie Sully Proudhomme sagte, die Modegifte einfließen, die phantastischen Überspanntheiten, die Äthersucht, die Chloralsucht und das weiße bolivianische Pulver, das zu den Halluzinationen führt. Und dann kommen sie zusammen überein, einen Versuch zu machen. So entsteht im Hause einer normalen Familie von einem Tag zum andern ein Brutnest von Kokainsüchtigen: Männer und Frauen laden sich gegenseitig zu 'Kokaingesellschaften' ein, wie man sich zum Mittagessen einladet. In gewissen Familien breitet sich die Ansteckung von den fünfzehnjährigen Enkeln bis zum siebzigjährigen Großvater aus: die Kokainomanie zu zweien, die Vergiftungsmanie unter Eheleuten findet sich oft; wenn sie nicht den männlichen Teil impotent und den weiblichen gebärunfähig machte, so glaubte ich, daß das neugeborene Kind solcher Ehepaare sogleich nach dem weißen Pulver suchen würde, wie es bei dem Kind der Morphinistin geschieht, dem man als erstes eine Morphiuminjektion macht. Der Alkoholiker hat noch die Kraft, sein Übel zu erkennen und dem, der noch frei davon ist, zu raten, sich des vergifteten Getränkes zu enthalten. Der Kokainist hingegen liebt es, Proselyten zu machen: jedes Opfer des Rauschgiftes bildet, anstatt eine sichtbare Warnung zu sein, einen Herd der Anstekkung."

Schon im 19. Jahrhundert spielte Kokain in Literatenkreisen eine nicht unbedeutende Rolle. So soll sich schon Robert Louis Stevenson beim Schreiben seines Romans *Dr. Jekyll and Mr. Hyde* vom Kokain inspiriert haben lassen. Auch Conan Doyle, geistiger Vater der Romanfigur *Sherlock Holmes*, ließ den kriminalistischen Scharfsinn des Meisterdedektivs mit Kokain stärken.

Aber nicht nur die schreibende Zunft setzte sich mit der Droge auseinander. Otto Dix malte die *Koksgräfin*, Conrad Felixmüller zeichnete den *Spritzenden Kokser*. Der Komponist Richard Strauß komponierte 1928 unter - medizinisch indiziertem - Kokaineinfluß zwei Arien für seine Oper *Arabella*. Berüchtigt waren in den zwanziger Jahren die *Tänze des Lasters, des Grauens und der Ekstase* der Anita Berber, getanzte Gedichte wie *Morphium* und *Kokain*. Das *enfant terrible* Berlins lebte schnell und starb jung am 10. Dezember 1928 in Berlin-Kreuzberg. Sie ging, wie zuvor schon Georg Trakl und Walter Rheiner, an ihren Drogeneskapaden zugrunde.

Mitte der zwanziger Jahre rückte der Kokaingebrauch auch in Deutschland zunehmend ins Rampenlicht der Öffentlichkeit. Die

Schuld am wachsenden Kokaingebrauch gab man allenthalben den sozialen Randgruppen, den Prostituierten, Zuhältern und Gelegenheitsverbrechern. Die Kriminalisierung der Droge - in Deutschland bestand seit 1929 ein neues Opiumgesetz - mag ein Grund dafür gewesen sein, daß potentielle Kokainkonsumenten nun Abstand von der Droge nahmen.

Die in den dreißiger Jahren aufkommenden Amphetamine verdrängten Kokain dann ganz vom nationalen und internationalen Drogenmarkt. Es vollzog sich ein Wandel in der Einnahmepraxis von der teuren und illegalen Droge Kokain hin zum billigen und leichter zugänglichen, länger wirkenden Amphetamin. In den fünfziger und sechziger Jahren stieg der Amphetaminverbrauch weltweit rapide an. Zu den Konsumenten gehörten Geschäftsleute, Fernfahrer, Intellektuelle, Studenten sowie Frauen, die die Droge als Appetitzügler benutzten. Auch die jugendliche Subkultur griff zu Weckmitteln, so die Mods und die Rocker der sechziger Jahre. In Japan und Schweden kam es zu regelrechten Amphetaminmißbrauchswellen. Kokain dagegen wurde bis Ende der sechziger Jahre nur noch in einigen elitären Zirkeln konsumiert.

7. "UPPER CLASS HIGH"

Es war die Zeit der Studentenrevolte und der Hippies, des Protestes gegen den Vietnamkrieg und des LSD-Papstes Timothy Leary, also Ende der sechziger Jahre, als eine regelrechte Kokain-Renaissance anhob. Ein maßgeblicher Grund hierfür muß darin gesehen werden, daß gegen den massiv angestiegenden Amphetamingebrauch verschärfte gesetzliche Maßnahmen erlassen wurden.

Amphetamine, im Szenejargon *speed* genannt, gelten als das *Kokain der kleinen Leute*. Die vollsynthetische Droge (*designer drug*) gehört zu den Aufputschmitteln und wirkt euphorisierend auf den menschlichen Organismus. Amphetamine werden geschluckt, gesnieft oder gespritzt. Unstetigkeit, Angstgefühle, Herzjagen und Paranoia sind bekannte Mißbrauchserscheinungen, Dauerkonsum führt zu Herz- und Hirnschäden. Es gibt verschiedene Amphetaminzubereitungen, so etwa "Benzedrin" und "Pervitin". In der Bundesrepublik hat der Amphetaminmißbrauch in den letzten Jahren wieder deutlich zugenommen. 1992 beschlagnahmte die Polizei 105 Kilogramm der Droge. Ein Gramm Amphetamin kostet den Verbraucher zwischen 20 und 100 Mark.

Viele Konsumenten hatten also durch den Genuß von Amphetaminen schwere körperliche und seelische Defekte erfahren; nicht wenige von ihnen litten unter Psychosen und Unterernährung.

Zuerst wurde Kokain wieder in den USA zu einer Modedroge. In dieser Entwicklung spielten die Exilkubaner eine herausragende Rolle. Sie verfügten über die notwendigen Verbindungen nach Südamerika und waren wesentlich am Aufbau des Kokain-Verteilernetzes in den Vereinigten Staaten beteiligt. Der 1982 unter mysteriösen Umständen in Kolumbien umgekommene Journalist Jürgen Mannsfeld nennt in seinem Buch *Bogotá-Connection* weitere Gründe für die Vorherrschaft der Kubaner im Kokaingeschäft:

> "Entscheidend zum Machtverlust der US-amerikanischen Mafiosi im ergiebigsten aller Unterweltgeschäfte, dem Drogenhandel, hat die kubanische Revolution beigetragen. Als Folge davon suchten bis heute etwa eine Million Kubaner Asyl in den USA, drei Viertel davon in Süd-Florida - dort, wo auch schon früher Drogen aus Lateinamerika an US-Land gebracht wurden. Viele, wenn nicht die Mehrheit dieser sich als politische Flüchtlinge ausgebenden Exil-Kubaner der ersten Generation, hatten im Batista-Staat mit der Mafia zusammengearbeitet, wenn auch nicht in dominierender Stellung, sondern als Landeskundige im Umschlagparadies Kuba eher als Hilfskräfte im 'Transportgewerbe'.
>
> Wie ein Bollwerk krimineller Energien schoben sich die Exil-Kubaner in Florida zwischen die lateinamerikanischen Drogenlieferanten und die Mafiosi. An ihnen ging bald nichts mehr vorbei, da sie in einem teilweise blutigen Verdrängungswettbewerb die Mafiosi aus ihrer Florida-Hochburg Miami vertrieben. Heute gibt es noch nicht einmal mehr einen 'Paten' dort. Neben ihrer Erfahrung in dunklen Geschäften waren es noch drei weitere Momente, die den Kubanern in ihren Auseinandersetzungen dienten: Ihre Aktivitäten waren eingebettet in ein Programm revanchistischer Mobilmachung gegen das Castro-Regime, Waffen und Transportmit-

> tel waren - von der CIA gestellt - ausreichend vorhanden. Als ehemalige Inselbewohner kannten sie sich zudem in der Karibik gut aus. Entscheidend aber war, daß sie wie die Drogenlieferanten aus Kolumbien ebenfalls Spanisch sprachen und dadurch zwangsläufig einen 'kürzeren Draht' zu denen hatten als die englischsprechenden Mafiosi."

Ende der sechziger und Anfang der siebziger Jahre kursierte die Droge vor allem in der Pop- und Rockszene. Zu jener Zeit entstand eine Vielzahl von Songs, die Kokain zum Thema hatten. Für die von jeher drogendurchtränkte Welt des *Sex & Drugs and Rock'n'Roll* mit ihren harten Terminplänen, unnatürlichen Arbeitszeiten und dem hohen Erfolgsdruck schien Kokain von seinem Wirkungsspektrum her die ideale Droge zu sein: Es regt an, macht wach und steigert das Selbstbewußtsein. Es gilt als wirksames Aphrodisiakum und steht in dem Ruf, der künstlerischen Kreativität förderlich zu sein. Harry Shapiro schreibt in seinem Buch *Drugs & Rock'n'Roll*:

> "Die einzelne Droge, die es vielleicht geschafft hat, sämtliche Grundprinzipien, die den Drogenmißbrauch im Musik-Business betreffen, in sich zu vereinen, ist Kokain. Koks ist eine Droge, die zum Arbeiten anregt und einen nicht schlafen läßt, es verleiht der Freizeit den Charakter eines Überschallstarts, es scheint, als wäre die Welt damit ganz leicht in den Griff zu kriegen - und vor allem faßt es die ganze selbsterzeugte Mythologie der Musikindustrie in sich zusammen."

Unzählige Musiker nahmen Kokain, darunter so renommierte Rockgrößen wie Mick Jagger und David Bowie. Bowie berichtete 1993 im Magazin *Tempo* über seine Erfahrungen mit der Droge:

Tempo: "Die siebziger Jahre waren eine viel wildere Zeit als die sechziger. In den Sechzigern waren nur ein paar Typen stoned. In den Siebzigern war es jeder."

Bowie: "Zu Anfang waren es die leichteren Drogen, Pillen etwa, im London der Sixties. Dann, 1974 ungefähr, kam Kokain, und da wurde es ernst. Es war eine alptraumhafte Zeit, eine Zeit geistiger und emotionaler Gewalttätigkeit, denn Kokain ist ein sehr tückischer Bettgenosse. Es macht einen wirklich fertig. Wenn man tatsächlich all seine Freunde verlieren will und alle Beziehungen, die einem je lieb und teuer waren, dann ist Kokain die richtige Droge. Es zerstört jede Bindung zu anderen Menschen. Das ist das einzige, was mir Mitte der Siebziger wirklich klargeworden ist. Es war plötzlich niemand mehr übrig, der an mich herankam."

Tempo: "Aber sie haben trotzdem weiter Kokain genommen."

Bowie: "Das ist das Problem. Man behält die Realität auf oberflächliche Weise im Griff, so daß man die Dinge bewältigt, von denen man weiß, daß sie fürs Überleben unerläßlich sind. Aber eines Tages bricht auch das zusammen, unvermeidlich. Das war bei mir so gegen Ende 1975. Da habe ich stunden- und tagelang an Songs gearbeitet, bis mir nach ein paar Tagen klar wurde, daß ich absolut gar nichts zuwege gebracht hatte. Ich war der Meinung, ich hätte hart geschuftet, aber ich hatte nur die ersten vier Akkorde immer wieder geschrieben. Es war nichts dabei herausgekommen. Ich konnte es kaum fassen! Schließlich wurde mir klar, daß ich mit diesen vier Akkorden herumgespielt hatte: mal rückwärts, mal in Einzelteile zerlegt und den Schluß an den Anfang gesetzt. Ich war besessen von Details."

Tempo: "Aber sie haben sich immer im Kreis gedreht."

Bowie: "Genau. Bin immer wieder zum Ausgangspunkt zurückgekehrt. Wie diese armen Ratten, die bei Experimenten gequält werden. Ich habe mal etwas auf CNN gesehen - (...) - da wurde die Wirkung von Kokain gezeigt. Die großen Löcher, die es ins Gehirn brennt. Sieht aus wie Schweizer Käse. Ich habe überlegt, mein Gehirn darauf untersuchen zu lassen, wie viele Löcher es hat. Denn die bleiben bis ans Lebensende (...)"

Tempo: "Dann glauben Sie also, daß Sie in den Siebzigern bleibende körperliche Schäden erlitten haben?"

Bowie: "Auf jeden Fall! Ich habe riesige Erinnerungslücken, nicht nur ein rechtes Nasenloch, das nicht mehr zu gebrauchen ist. Aber es waren nicht allein die Drogen. Es lag auch an meiner Geisteshaltung. Niemals zuvor war ich dem Abgrund, der Selbstaufgabe so nahe gewesen. Ich fühlte mich wie ein leerer Panzer. Und ich wußte, daß jedes Eindringen von Leben diesen Panzer leicht durchbrechen würde. Ich fühlte mich vollkommen allein. Und wahrscheinlich war ich deshalb allein, weil ich mich von Gott abgewandt hatte."

Der Kokaingebrauch blieb aber nicht auf die Musikbranche beschränkt. Die Schauspieler folgten dem Beispiel der Musiker. Mitte der siebziger Jahre hatte sich Kokain in der amerikanischen Film- und Popwelt fest etabliert. Gary Herman schätzt, daß zu dieser Zeit allein 90 % des in den USA verbrauchten Kokains auf das Rock- und Filmgeschäft entfielen. In der Künstlerszene hatte man sich an das Koksen gewöhnt; Kokain galt als *weiche* Droge, die nicht wie das Heroin körperlich abhängig machte.

Aber es waren nicht nur Angehörige des Showbusiness, die Kokain nahmen. Zu den Konsumenten der Droge gehörten auch Geschäftsleute, Sportler, Politiker und Angehörige des Zuhältermilieus. Eines hatten sie jedoch alle gemeinsam: Sie konnten sich die teure Droge leisten. Robert Sabbag hat in seinem Buch *Schneeblind* die amerikanische Kokainszene der damaligen Zeit recht eindrucksvoll beschrieben:

> "Die Avantgarde nimmt Kokain. Die reichen Nichtstuer. Die Leute, die im *Who's Who* stehen. In New York sind es die Schauspielerinnen und Schauspieler, die Modelle der großen Modehäuser, die Titelmädchen der ersten Wahl, Sportler, Künstler, Musiker, fortschrittlich gesinnte Geschäftsleute, Diplomaten und deren verzogener Anhang. Die gute Gesellschaft also. Berühmtheiten, die nicht mehr zu arbeiten brauchen. Es gibt einen gemeinsamen Nenner, durch den sich alle Kokainkonsumenten teilen lassen. Der Nenner heißt Geld. So kommt es, daß man Kokain auch in gewissen gutverdienenden Kreisen von Harlem findet. Bei den Zuhältern, den Dirnen, den Drogenhändlern, die Zuhälter und Dirnen mit anderen Drogen versorgen. Kokain verschafft Status (...) Wer Kokain schnupft, legt damit Zeugnis ab, sich einen exklusiven Lebensstil leisten

zu können (...) Kein Rauschgift für Herrn Jedermann."

Das Charisma ihrer Konsumenten schien auf die Droge überzugehen. Kokain und sein Gebrauch galt, wie jeder andere materielle Besitz, als Prestigesymbol. Schon im Mittelalter fungierten Genußmittel wie Pfeffer, Zimt und Muskat als Statussymbole und Insignien der Macht. Die symbolische Bedeutung und sozial strukturierte Verbreitung des Kokains sind seit jeher eng miteinander verbunden. Zwar stellte der Konsum der Droge ein kriminelles Delikt dar, aber das hohe Prestige seiner Konsumenten bewahrte das Kokain und seine Benutzer vor der gesellschaftlichen Ächtung. Es war einfach chic, Kokain zu nehmen. Dabei mag der Vorbildcharakter von Publikumsgrößen sowie die Sensationalisierung der Droge durch die Regenbogenpresse Konsumenten zum weiteren Gebrauch der Droge animiert haben.

In den USA wurde Kokain immer populärer. Einem Bericht des *National Institute on Drug Abuse* zufolge betrug 1977 der Anteil der Personen, die schon einmal gekokst hatten, 4 % der Gesamtbevölkerung, wobei es sich aber weitgehend um Gelegenheitskonsumenten handelte. Auch stiegen die in den USA sichergestellten Kokainmengen deutlich an. Beschlagnahmte der Zoll 1977 427 Kilogramm, waren es 1978 schon 700 Kilogramm. Und in diesem Tempo ging es weiter. Trotz der wachsenden Kokainverbreitung blieb der Gebrauch der Droge bis Ende der siebziger Jahre aber vornehmlich der weißen Mittel- und Oberschicht vorbehalten.

Anfang der achtziger Jahre startete die Kokainmafia ihre Marktoffensive. Immer größere Rauschgiftmengen wurden in die USA eingeschleust, der Schwarzmarktpreis sank rapide. Kokain erreichte die Straßenszene und etablierte sich neben Marihuana und Heroin. Nun griffen auch vermehrt Bewohner der großstädtischen Slums zu Kokain, das im Vergleich zum Heroin billiger und reiner war. Der Stoff gelangte vornehmlich über Florida in die Vereingten Staaten. Im Sonnenparadies Miami wurde der Kampf um den lukrativen Kokainmarkt mit äußerster Brutalität geführt. 1979 wurden in der Millionenstadt 349 Morde begangen, 1980 stieg die Zahl der Morde auf 569 und erreichte 1981 mit 621 Opfern einen traurigen Höhepunkt. Die Journalisten Guy Gugliotta und Jeff Leen recherchierten, daß 40 % der Morde auf das Konto der Drogenszene gingen. Ein Viertel der Mordopfer wurde - ganz im Stile der Drogenmafia - mit automatischen Waffen erschossen. Howard Rasmussen, Direktor einer Sonderkommission, die sich zur damaligen Zeit mit der Kriminalität im Großraum Miami beschäftigte, verdeutlicht in *Bogotá-Connection* den Zusammenhang zwischen Drogenhandel und Gewalt:

> "Die steigende Kriminalität in Miami ist durch Drogen hervorgerufen. Es gibt eine Reihe von Untersuchungen, aus denen hervorgeht, daß jeder vierte bis dritte Mord oder Totschlag, der im Großraum Miami verübt wird, direkt mit dem Drogenhandel zusammenhängt. Hinzu kommen die Raubüberfälle und Einbrüche, die von Drogenabhängigen begangen werden, um an Geld zum Kauf der teueren Drogen zu kommen. Die steigende Zahl auch dieser Verbrechen ist Folge von Drogenhandel und -abhängigkeit."

Anfang der achtziger Jahre wurden in Süd-Florida Drogen im Wert von 90 Milliarden US-Dollar umgesetzt. In der Kokshauptstadt Miami kostete damals ein Kilogramm Kokain den Großdealer 60.000 Dollar; heute zahlt man aufgrund des Überangebots nur noch 10.000 Dollar pro Kilo.

Mit dem sozialen Abstieg der Droge bildeten sich auch schichtspezifische Einnahmeformen heraus, wie etwa das *free-*

basing. Beim *free-basing* wird dem Kokainhydrochlorid Äther beigemengt. Das Lösungsmittel bewirkt die Rückverwandlung des Kokainhydrochlorids in die freie Base. Durch das Rauchen der von Verschnitt- und Abfallstoffen gereinigten Kokainbase wird ein schnell einsetzender und hochwirksamer Rausch erzielt. Von der Wirkung her ist *free-basing* vergleichbar mit einer intravenösen Kokaininjektion.

Free-basing war nicht nur billig, sondern auch hochwirksam, zwei für die Straßenszene entscheidende Vorteile. Denn im Gegensatz zum Schnupfen von Kokainhydrochlorid ließ sich beim *free-basing* mit einer geringeren Dosis ein wesentlich höherer *Kick* erzielen. *Free-basing* stellte aber auch eine sehr umständliche und nicht ungefährliche Anwendungsform dar. Aufgrund von Explosionen des flüchtigen und brennbaren Äthers kam es immer wieder zu Todesfällen. Crack dagegen war nicht nur billig, sondern auch leicht und problemlos herzustellen.

8. DIE NEUE SEUCHE: CRACK

In den Jahren 1983, 1984 tauchte Crack, auch *rock* oder *rock cocaine* genannt, erstmalig an der Westküste der Vereinigten Staaten auf. Zwei Jahre später hatte das Kokainderivat auch den Osten der USA erobert. Insbesondere in den Ghettos der Großstädte schlug die Droge ein wie eine Bombe. Crack machte Kokain zur *Fast-Food-Droge*.

Bei Crack handelt es sich um die rauchbare Kokainbase. Die Herstellung der Droge ist einfacher, billiger und weniger gefährlich, als das bei *free-base* der Fall ist. Kokainhydrochlorid wird mit Wasser und Natriumkarbonat (Backpulver) versetzt und so lange erhitzt, bis das Wasser verdampft ist und das beigefarbene, bröckelige Kokainderivat zurückbleibt. Aus einem Gramm Kokain können so sechs bis acht Portionen Crack verschnitten werden.

Crack ist nicht so rein wie *free-base*. Bei der Crack-Herstellung wird nicht nur das Kokain, es werden auch die giftigen Beimischungen vervielfacht. Viele Konsumenten sitzen dem Irrglauben auf, Crack sei reiner als Kokain. Der Drogenexperte Arman Sahihi stellt fest: "Crack ist genauso sauber oder unsauber wie das Kokain, aus dem es deriviert worden ist."

Weil Crack an der Luft zerfällt, füllen die Dealer den Stoff in drei Zentimeter lange, luftdichte Glas- oder Plastikamphiolen. Oft ist die Droge mit Aufputschmitteln und anderen, teilweise gesundheitsgefährdenden Substanzen vermengt, was die Gefahr körperlicher Schädigungen merklich erhöht. Einige Dealer verkaufen den Süchtigen sogar zerhackte Erdnüsse und Seife als Crack-Brocken. Eine Crack-Ration kostet im Straßenhandel fünf Dollar, ein

Gramm Kokain dagegen runde fünfzig, wenn nicht gar 100 bis 150 Dollar.

Crack wird in speziellen Wasserpfeifen (sogenannten *base pipes*) oder Zigaretten geraucht. Daher rührt auch der Name der Droge, da beim Verbrennen der Substanz ein knackendes Geräusch entsteht. Die Applikationsform des Rauchens ist ebenso einfach wie unauffällig (Crack ist geruchlos) und birgt nicht die Gefahr der Aids-Infektion wie etwa die intravenöse Injektion mit dem oft damit verbundenen *needle-sharing*. Darüber hinaus läßt sich durch das Rauchen von Crack ein äußerst rascher und intensiver Rausch erzielen.

Crack wirkt nämlich in Sekundenschnelle und ist hochwirksam. Der Dampf dringt über die Lunge in die Blutbahn und von dort ins Gehirn, wo die Droge auf die Nervenzellen einwirkt.

Das Wirkungsspektrum von Crack gleicht dem des Kokains, nur daß die kokaintypischen Wirkungen verstärkt werden. Die durch den Crack-Rausch bedingte Euphorie und Hyperaktivität hält aber nur wenige Minuten an; dann folgt der Sturz in tiefe Depressionen. Der nur kurze Zeit anhaltende Rausch und die darauffolgende innere Leere lassen schnell das Verlangen nach einer erneuten Crack-Ration entstehen.

Crack macht sehr schnell süchtig; schon nach fünf- oder sechsmaligem Gebrauch droht psychische Abhängigkeit. Daneben ist bei chronischen Crack-Usern - anders als beim Schnupfen von Kokain - auch eine echte physische Abhängigkeit mit körperlichen Entzugserscheinungen zu konstatieren. Als charakteristische Entzugs- und Abstinenzsymptome treten u.a. Übelkeit, Schwindel und Tremor sowie Depressionen, Appetitlosigkeit und Schlafstörungen auf.

Mit der Dauer der Abhängigkeit läßt die Wirkung der Droge immer mehr nach; das erwünschte *High* bleibt aus und auch die unangenehmen Entzugserscheinungen lassen sich kaum noch wirkungsvoll bekämpfen. Viele Langzeitkonsumenten greifen deshalb zu Heroin, um ihre *Down-Phasen* zu überstehen.

Wegen der rapiden und heftigen Wirkung ist die Dosierung einer Crack-Ration kaum zu regeln. Überdosierungen können zu Krämpfen, Atemkollaps, Gehirnblutungen und Herzinfarkt führen.

Chronischer Crack-Konsum greift Körper und Psyche an. Crack-Süchtige leiden unter Appetitmangel, rapider Gewichtsabnahme, Herzflattern und Bluthochdruck. Es treten innere Unruhe, schwere Depressionen, Halluzinationen und Paranoia auf. Hustenanfälle, Kurzatmigkeit, Herz- und Kreislaufstörungen sowie teilweise irreparable Lungen-, Gefäß-, Nieren- und Gehirnschädigungen vervollständigen das körperliche und seelische Verfallsbild chronischer Crack-Konsumenten.

Jay, ein ehemals in Deutschland stationierter, 27 Jahre alter GI, wird von Sahihi zitiert:

> "Ich habe etwas länger als ein Jahr Crack geraucht; anfangs drei, vier, am Ende gut und gern sechzig, siebzig Pfeifen am Tag: Es kam - ehrlich! - die Zeit, da konnte ich noch nicht einmal auf die Toilette gehen, ohne mich vorher mit einer Pfeife fitzumachen. Bestimmte Beschäftigungen konnte ich nur ausführen, wenn ich permanent rauchte. Ich habe dann in den USA in einem Spezialkrankenhaus entzogen, weil ich spürte, daß es so nicht mehr weitergeht.
>
> Ursprünglich hatte ich immer gedacht, Crack sei

sehr rein. Irgend jemand hatte mir auch erzählt, daß Crack nach spätestens 24 Stunden vom Organismus restlos abgebaut würde. Aber das müssen Kindermärchen gewesen sein: Meine Lungen sind total verklebt von irgendeiner schwarzen Scheiße, irgendwelches rekristallisiertes Zeug, das mir die Atemwege verklebt: Ich kann kaum tief durchatmen, ohne einen Hustenanfall zu erleiden - und das, wo ich seit sieben Monaten nichts mehr geraucht habe. Aber auch sonst bin ich fast wie ein alter Mann: Ich habe Gedächtnislücken wie mein eigener Großvater, und meine Konzentration ist eine Katastrophe: Ich kann oft Sätze nicht zu Ende führen, weil ich mitten im Satz vergesse, wie ich ihn angefangen hatte und worauf ich hinauswollte. Auch körperlich: Schlimm! Wenn ich drei Stockwerke Treppen steige, droht mir das Herz aus dem Hals rauszuspringen, dabei war ich früher Sportler! Und ansonsten habe ich überhaupt keine Toleranz, was Frustrationen angeht: Die kleinste Kleinigkeit - und ich fange an zu heulen. Ich muß auch zugeben: Seit meiner Crack-Zeit ist es mir nie wieder gelungen, an irgend etwas Freude zu empfinden. Ich zwinge mich einfach dazu, weiterzuleben, in der Hoffnung, daß ich irgendwann einmal wieder der alte sein werde. Viel Hoffnung habe ich allerdings nicht mehr!"

Crack gilt als Ghettodroge, als Rauschgift der sozialen Unterschicht. Daß Crack aber auch in der Mittel- und Oberschicht geraucht wird, beweist nicht nur der Fall des farbigen Bürgermeisters von Washington, Marion Barry, der vom FBI des Crackgebrauchs überführt wurde, sondern auch die Tatsache, daß viele der in Kliniken und Beratungsstellen behandelten Crackabhängigen Angehörige einer höheren Sozialschicht sind.

Zur Altersstruktur amerikanischer Crack-Konsumenten stellt Sahihi fest, daß das Durchschnittsalter bei siebzehn bis achtzehn Jahre liegt, bedingt durch den hohen Anteil minderjähriger schwarzer Dealer, die selbst hochgradig cracksüchtig sind. Ob diese Altersangabe realistisch ist, sei dahingestellt. Andere Quellen verweisen darauf, daß 1986 der Anteil der minderjährigen Crack-Raucher unter den um Hilfe nachsuchenden Crack-Konsumenten lediglich 5 % betrug. Ganz sicher liegt der Anteil minderjähriger Crack-Konsumenten Anfang der neunziger Jahre wesentlich höher.

Crack brach endgültig die elitäre Einschränkung des Kokaingebrauchs. Stand Kokain in den siebziger Jahren stellvertretend für Reichtum, Erfolg und schicke Dekadenz, symbolisiert Crack in den achtziger und neunziger Jahren Abstieg und soziales Elend; man verbindet damit Beschaffungs- und Gewaltkriminalität. Der Kokaingebrauch wurde *dank* Crack zu einem sozialen Problem. Es fand ein Image-Wandel der Droge statt von einem bisher tolerierten, als harmlos erachteten, gar charismatischen Image zu einem, das Probleme und Stigmatisierung ihrer Benutzer verheißt.

In der Zeitschrift *The Best of High Society* erschien ein anonymer Bericht über *Die gefährliche Crack-Manie*, der von Alfred Springer in seiner Anthologie *Kokain: Mythos und Realität* dokumentiert wurde, aus dem wir die Passage über ein *crack-house* zitieren wollen:

> "Das Haus könnte irgendwo in einem der verkommenen Bezirke einer amerikanischen Stadt liegen, eines jener verwitterten Gebäude, die für illegale Aktivitäten gut geeignet sind. Nicht involvierte Bewohner aus der Nachbarschaft gehen an dieser Au-

genschande schnell vorbei. Die regionale, wachsende Legion an Crack-heads - Personen, die süchtig sind nach dem Rauchen einer kristallinen Form des Kokains - findet die verwaschene Ziegelfassade jedoch schön und einladend wie den Palast des Taj Mahal. Ein Mann steht am Stiegenaufgang als Wächter - und vielleicht gibt's noch einen zweiten auf dem Dach oder im obersten Fenster. Hinter ihm eine versperrte Tür. Zwei Schlägertypen und ein untersetzter, unrasierter Mann erscheinen. Er hält ein Gewehr in der Hand. 'Das macht einen Dollar', sagt er zu den Eintretenden. Nachdem sie ihn gezahlt haben, bietet er ihnen Rauchgeräte an, trotzdem das oft nicht nötig ist. In der Bodega weiter vorn im Häuserblock sind runde Pfeifen aus Glas, neben Brotlaiben und Dosen mit schwarzen Bohnen ausgestellt.

In einem großen Raum steht auf einem Fernseher ein Papiersack voll mit Kleingeld. Einige Meter davon entfernt sitzt eine Frau auf einem ziemlich schäbigen Lehnstuhl und stopft kleine Stückchen von Crack in verschiedenfarbige Phiolen. Vor einigen Monaten kam die Hausverwaltung auf die Idee, daß sie sich was ersparen könnte, indem sie weggeworfene Phiolen einsammeln ließ. So erscheinen nun jeden Tag nach der Schule zwei Vierzehnjährige, denen man aufträgt, die Plastiksäcke, die für die Müllaufnahme entlang der Gehsteige etc. postiert sind, durchzustöbern. Für jede gefundene Phiole bekommen die Kinder dann zehn Cents.

Die Küche dient als eigentliches Crack-Labor, man staunt über die einfache Einrichtung. Zwei Waagen stehen auf einem mit Linoleum überzogenen Tisch. Eine Frau mittleren Alters in einem geblümten Kleid steht über dem Herd und bereitet das Kokainderivat in einem Kaffeetopf aus Glas zu. Der einzige Zusatzstoff, den sie benötigt, ist Backpulver. Im unteren Geschoß sitzen dicht eingehüllt in eine Wolke weißen bewegten Rauchs auf Klappstühlen aus Metall zwei glasäugige Männer mit Baseball-Kappen auf dem Kopf, eine Frau mit einem kleinen Kind auf dem Schoß, ein junger Mann, der nach Vorstadt aussieht, und ein gutaussehendes, aber untergewichtiges Mädchen. Einer der Händler verspricht dem Vorstadttypen einen Sonderpreis, falls er mehr von der Droge abnimmt. Das magere Mädchen offeriert demselben Typen ihren Körper für eine 'angemessene' Ration. Er nimmt ihr Angebot gerne an und die zwei ziehen in einen angrenzenden Lagerraum ab, wo sich schon andere in Teilnahmslosigkeit zusammengefunden haben. Das Mädchen erscheint bald darauf wieder und wirft ihr gerade verdientes Geld hin, um mehr Crack dafür zu bekommen. Einer der Männer entfernt mit einem Stück Fetzen Harz von einer Kokainpfeife. Ein anderer ist gerade dabei, der Frau mit dem Kind eine Phiole zu verkaufen. Für zwei winzige Stückchen der Droge, jedes kleiner als ein Radiergummi am Ende eines Bleistifts, beträgt der Preis zwischen 8 und 20 Dollar. Nachdem der Handel abgeschlossen ist, stellt die Frau das Kind auf den Boden, schüttet die Kügelchen in ihre hohle Hand und von dort in eine Pfeife. Ein Gasbrenner, ein Streichholz oder ein Feuerzeug dienen zum Erhitzen und Verdampfen der Kristalle. Weil die Pfeife klein ist und der Vorgang sehr rasch abläuft, kommt es häufig vor, daß sogenannte Crack-ups unbemerkt in Telefonzellen und selbst auf sehr belebten Straßen vor sich gehen.

Der Dampf zieht rasch ins Gehirn der Frau ein. Die Experten meinen, daß Crack bereits innerhalb von fünf Sekunden zu wirken beginnt. Der Körper wird schockartig zu einem High gebracht. Die Pulsfrequenz steigt um 30 bis 50 % an, die Pupillen erweitern sich und der Blutdruck erhöht sich blitzartig. Nach zehn Minuten sackt der Organismus in einer Depression ab. Das Gegenmittel heißt: 'Rauch mehr Crack!'"

9. "DAS MORDSGESCHÄFT MIT DEM SCHNEE"

Auch heute noch spielt die Kokapflanze im religiösen, medizinischen und sozialen Kontext der andinen Kultur eine herausragende Rolle. Schamanen, d. s. indianische Priester, benutzen die Droge nach wie vor als Orakel und transzendierendes Rauschmittel. Medizinische Verwendung findet die Koka bei der Behandlung der Höhenkrankheit sowie von Entzündungen, Schwellungen, Magen- und Darmstörungen, Blutarmut, Asthma, Bronchitis, Fieber, Kreislaufbeschwerden und Depressionen. Bei sozialen Anlässen (z.B. Arbeitspausen, Abschluß von Verträgen, feierliche Zeremonien) fördert das Ritual des Kokakauens das Zusammengehörigkeitsgefühl der Einheimischen. Die traditionelle Seite der Koka ist geprägt von kultureller Einbettung und sozialer Integration, die andere Seite ist gezeichnet vom Geschäft mit der Sucht.

Im internationalen Kokaingeschäft sind nach wie vor die klassischen Kokaländer Peru, Bolivien und Kolumbien - das sogenannte "Silberne Dreieck" - marktbeherrschend. Aber auch Ecuador, Brasilien und Venezuela spielen im multinationalen Kokain-Business eine nicht zu unterschätzende Rolle. Daneben fungieren Länder wie Mexiko, Panama und die Bahamas als Transitländer und Umschlagplätze.

Einem Bericht des US State Department zufolge betrug die andine Kokablatternte 1991 330.000 Tonnen. Peru mit einem Anteil von 60 % und Bolivien mit einem Anteil von etwa 30 % waren dabei die mit Abstand größten Kokablatterzeuger. In Bolivien ist es vor allem die *Chapare-Region*, in Peru die Region *Alto Huallaga*, wo Koka schwerpunktmäßig angebaut wird. Zu Kokain werden die

Blätter hauptsächlich in Kolumbien raffiniert. Das kolumbianische Medellín-Kartell und die Drogenmafia von Cali produzieren den Großteil des auf dem Weltmarkt illegal gehandelten Kokains. Aber auch Bolivien raffiniert immer mehr Kokainhydrochlorid in Eigenregie. Die Weltproduktion von Kokain dürfte derzeit bei etwa 1.400 Tonnen liegen.

Die traditionellen Kokaländer sind inzwischen wirtschaftlich vom Kokain abhängig. Hunderttausende in den Anbau- und Produktionsländern leben direkt oder indirekt vom Geschäft mit der Droge. Zu ihnen gehören sowohl die Koka pflanzenden *campesinos* als auch Chemiker, Kleindealer, Handlanger, Aufkäufer und bezahlte Killer. In Bolivien beschäftigt die Kokainwirtschaft heute eine halbe Million Menschen, in Peru leben 1,2 Millionen und in Kolumbien 1,7 Millionen Menschen von der Drogenindustrie. Nicht mehr Zinn ist das Hauptexportprodukt des hochverschuldeten Andenlandes Bolivien, sondern Koka. Auch in Peru und Kolumbien ist die Droge mittlerweile zum Exportartikel Nummer eins avanciert. Kolumbien verdient am Kokaingeschäft jährlich vier Milliarden US-Dollar, wovon drei Milliarden ins Land zurückfließen und nicht selten in legale Unternehmen investiert werden. Peru exportiert jährlich für 3,5 Milliarden US-Dollar Kokaprodukte, der Rückfluß beläuft sich auf runde 800 Millionen US-Dollar. Bolivien erhält ca. 600 Millionen aus dem Export von Koka und Kokaprodukten zurück. In den Banken der kolumbianischen Hauptstadt Bogotá existieren sogar von der Regierung geduldete "geheime Schalter", an denen Drogenhändler illegale Gelder ohne Nachweis der Herkunft einzahlen können. So hofft man, die Kapitalflucht ins Ausland verhindern zu können.

Der Koka-Anbau ist oft für Tausende von Kleinbauern die einzige Existenzgrundlage. In Lateinamerika leben immer noch fast 200 Millionen Menschen unter der international geltenden Armutsgrenze. Das entspricht 46 % der Bevölkerung. Die von den Vereinten Nationen, den USA und der Europäischen Gemeinschaft immer wieder geforderte, aber finanziell nur unzureichend unterstützte Umstellung der Landwirtschaft von der Kokaproduktion auf andere Erzeugnisse ist kaum zu bewerkstelligen, da es für den lukrativen Kokaanbau an Alternativen mangelt. Ersatzprodukte wie Tee, Kaffee, Kakao, Mais und Bananen sind viel schwerer zu vermarkten und bringen längst nicht die Erlöse, die der illegale Kokaanbau verspricht. So verdient ein *campesino* mit einem Hektar Kokaland jährlich 3000 US-Dollar, während der gleiche Hektar mit Kaffee oder Kakao bepflanzt lediglich 750 bzw. 500 US-Dollar abwerfen würde. Wie sehr der Kokaanbau in den Andenstaaten zur entwicklungspolitischen Crux geworden ist, dokumentiert eine Passage aus dem Aufsatz *Kokainproduktion und Unterentwicklung* von Karl-Dieter Hoffmann:

> "Auf keiner Stufe der vertikalen Kokainökonomie ist der Zusammenhang des Drogenproblems mit der allgemeinen Entwicklungs- bzw. Unterentwicklungsproblematik so eng und evident wie beim Kokaanbau in Peru und Bolivien. Während die exorbitanten Gewinnspannen, die beim Handel mit den Zwischenprodukten und dem Vertrieb des Kokains realisiert werden, kriminelle Elemente auch dann auf den Plan rufen würden, wenn die allgemeine wirtschaftliche und soziale Lage in den betroffenen Ländern einigermaßen befriedigend wäre, ist die rasche Ausweitung der Kokaproduktion in den 80er Jahren ohne eine Berücksichtigung der strukturellen Entwicklungsdefizite und der aktuellen wirtschaftlichen Probleme Perus und Boliviens kaum erklärbar. Mit anderen Worten: Während den Drahtziehern und Mittelsmännern des lateinamerikanischen Drogenhandels nur mit rechtlichen und polizeilichen Mitteln beizukommen ist, müssen Maßnahmen zur

> Unterbindung der Produktion des Drogenrohstoffes, sollen sie langfristig erfolgreich sein, eine dominante entwicklungspolitische Komponente besitzen. Eine effiziente Drogenbekämpfung an der Wurzel des Problems ist quasi gleichbedeutend mit Entwicklungspolitik."

Ein sinnvolles Substitutionsprogramm ist jedoch äußerst kostspielig. Der chilenische Sozialwissenschaftler Ibán de Rementeriá hat am Beispiel Perus errechnet, daß der Ersatz des illegalen Kokaanbaus 1,3 Milliarden US-Dollar verschlingen würde - eine Summe, die das arme Andenland wiederum nur mit Hilfe der reichen Industrieländer aufzubringen imstande wäre. Dazu sind die Industrienationen aber nur bedingt bereit. Zwar stellen die Vereinigten Staaten für den Zeitraum 1990-1994 1,5 Milliarden Dollar an Wirtschaftshilfe in Aussicht, jedoch müssen sich Kolumbien, Peru und Bolivien diese Summe teilen. Abgesehen davon bleiben viele Forderungen und Hilfsangebote bloße Lippenbekenntnisse, wenn nationale Interessen berührt sind, wie die jüngste Erhöhung der EG-Zölle für Bananen aus Lateinamerika zum Schutze der Bananen vor allem aus Spanien zeigt.

Aber es gibt auch kritische Stimmen, die sich gegen Substitutionsprogramme in den Kokaländern aussprechen und stattdessen mehr Druck auf die Nachfrageseite ausgeübt wissen wollen. So konstatiert Ruppert:

> "Dem illegalen Kokaanbau und der Drogenproduktion schadet diese Politik aus verschiedenen Gründen nicht. Sie ist auch ganz generell wenig erfolgversprechend. Ihr Ziel ist die Verknappung des Angebots an Kokablättern (um so dem Drogensektor die Basis zu entziehen). Eine Verknappung des Angebots würde aber bei der geringen Elastizität der

> Nachfrage unweigerlich zu Preissteigerungen und damit wiederum zu einer Mehrproduktion von Koka führen. Effizient kann nur eine nachfrageverknappende Politik sein, die den Kokapreis senkt und den Kokaanbau unrentabel macht."

Die von den Industrienationen praktizierte Wirtschaftspolitik trägt wesentlich zur gegenwärtigen Expansion des Kokain-Handels bei. Staatsverschuldung, unzureichend finanzierte Substitutionsprogramme und fehlende Absatzgarantien für Agrarprodukte wie Kaffee und Bananen zwingen die Koka-Länder dazu, am gewinnträchtigen Drogenhandel festzuhalten. Dem ist dann auch mit polizeilichen und militärischen Mitteln nicht beizukommen. Nicht nur, daß repressive Aktionen den Anbau und Handel immer nur kurzfristig stören können; oftmals wird die finanzielle und logistische Unterstützung des Polizei- und Militärapparats dazu mißbraucht, anstelle von Drogenhändlern politische Oppositionelle zu jagen. In der Vergangenheit wurden viele Bauern durch drogenpolitische Maßnahmen der Behörden in die Arme linksgerichter Guerillaorganisationen getrieben. Dies belegt Karl-Dieter Hoffmann am Beispiel der in Peru operierenden und als äußerst brutal geltenden Terrororganisation *Sendero Luminoso* ("Leuchtender Pfad"):

> "Besondere politische Brisanz besitzt das peruanische Kokaproblem durch die vor einigen Jahren etablierte Allianz zwischen der Kokawirtschaft und der maoistischen Guerillaorganisation Sendero Luminoso im oberen Huallaga-Tal. Dabei handelt es sich nicht um eine politische, sondern lediglich um eine taktische Kooperation, die allen Beteiligten nützt: Die Guerilla setzt höhere Verkaufspreise für die Bauern durch, schützt Pflanzungen, Transportwege, Laboratorien und Flugpisten gegen Einwir-

> kungen der Anti-Drogen-Polizei und erhebt von Produzenten und Händlern Abgaben, die ihr zuletzt jährlich 30 Mio. Dollar zur Finanzierung ihrer subversiven Aktivitäten einbrachten. Die Armee, die nach 1984 im vergangenen Jahr (1989, d. Verf.) erneut in die Region entsandt wurde, konzentriert sich auf die Guerillabekämpfung und verzichtet auf Aktionen gegen die Kokapflanzer, um damit den Rückhalt der Aufständischen zu brechen und die regionale Bevölkerung auf ihre Seite zu bringen."

Im September 1992 verhafteten die Sicherheitskräfte den legendären Führer der Guerilla, Abimael Guzmán.

Der gesellschaftliche Preis, den die Kokaländer für ihre florierende "Narco-Wirtschaft" zahlen müssen, ist hoch. Zunehmend greift der illegale Kokaanbau die Ökologie der Koka und Kokain produzierenden Länder an. Die Rodung von Wäldern, um neue Anbauflächen zu schaffen, sowie die fehlende Entsorgung der Chemikalien, die in der Kokainproduktion benutzt werden, führen zu gravierenden Umweltschäden. Auch das Abbrennen der illegalen Kokafelder und der im Dschungel versteckten Laboratorien durch die Sicherheitskräfte schadet der Natur. Hinzu kommt, daß die USA versuchen, durch den Einsatz von Herbiziden (z.B. *Agent Orange*) Kokafelder in Peru und Bolivien zu vernichten.

Neben dem Raubbau an der Natur ist natürlich die Drogensucht ein gravierendes Problem. In den Anbau- und Produktionsländern sind mittlerweile Hunderttausende süchtig nach *basuco* und *pitillo*, wie die chemisch verunreinigten und äußerst schädlichen Abfallprodukte der inländischen Kokainproduktion von den Einheimischen genannt werden. Schätzungen haben ergeben, daß von 30 Millionen Kolumbianern 600.000 *basuco* rauchen, eine aus Kokapaste und Tabak hergestellte, mit Benzin und Aceton verschnittene Billig-Droge. In Bolivien, dem zweitgrößten Kokablattproduzenten der Erde, greifen 80.000 Konsumenten zu der aus Kokainsulfat und Tabak gedrehten *pitillo.* Viele Straßenkinder rauchen das gefährliche Produkt, das unter anderem Bleirückstände aufweist und zu bleibenden Gehirnschäden führen kann.

Nicht nur die Sucht fordert ihre Opfer, sondern auch die durch Drogen verursachte Gewaltkriminalität. Längst ist die Drogenmafia Kolumbiens zu einem Staat im Staat geworden. Sie besticht Justizangehörige, Polizisten und Militärs, finanziert Politiker und Parteien. Welches Ausmaß die Korruption im kolumbianischen Staatsapparat schon angenommen hat, offenbaren die Ausführungen von Gernot Volger:

> "Auch zur Politik gibt es deutliche Verbindungen. Beide Großparteien Kolumbiens haben Spenden von der Kokainmafia angenommen. Kolumbianische Drogenexperten schätzen, daß ein Drittel aller Politiker der 'Liberalen Partei' (...) von der Drogenmafia gekauft wurde. Weiterhin wird geschätzt, daß etwa zehn Prozent aller Kongreßmitglieder in Geschäfte mit der Drogenmafia verwickelt sind und daß weitere zehn Prozent finanzielle Zuwendungen von den Drogenbossen erhielten. Escobar, der zweitwichtigste Kartellist, wurde 1982 in Medellín zum stellvertretenden Kongreßabgeordneten in der Hauptstadt Bogotá gewählt und erwarb damit das Recht zur Teilnahme an Parlamentssitzungen."

Auch Teile von Polizei und Justiz haben sich von der Mafia schmieren lassen. Festgenommene Drogenhändler werden unter dubiosen Umständen wieder auf freien Fuß gesetzt, Akten von laufenden Verfahren verschwinden in der Versenkung. Allein 1989 mußten in Medellín drei Polizeichefs ihren Posten räumen.

Alle drei standen in dem Verdacht, in illegale Drogengeschäfte verwickelt gewesen zu sein. 90 % der Polizisten Medellíns sollen nach Meinung des Journalisten Antonio Cabellero korrupt sein.

Selbst die linksgerichteten Gueriallaorganisationen M-19 (*Movimiento 19 de April* - Bewegung 19. April) und FARC (*Fuerzas Armadas Revolucionarias de Columbia* - Bewaffnete Revolutionäre Streitkräfte Kolumbiens) wurden in der Vergangenheit für die Sicherung von Landebahnen und Kokainlabors von der Mafia mit Geld und Waffen entlohnt. Dabei dürfte es sich aber in erster Linie um Schutzgelder gehandelt haben, die die Drogenbosse, deren Produktionsstätten sich teilweise auf Guerillagebiet befinden, an die Freischärler zahlen mußten. Denn ideologisch haben Mafia und Guerilla kaum Gemeinsamkeiten. Die Guerilla kämpft gegen die Bourgeoisie und das Kapital, die Drogenbosse sympathisieren mit den reichen Großgrundbesitzern. Ein Zwölftel der landwirtschaftlichen Nutzfläche, so glaubt Volger, hält die Mafia schon in ihren Händen. Bei der Landverteilung haben die *Narcos* ihre ganz speziellen Methoden, wie ein Vertreter des Bauernverbandes ANUC in der Wochenzeitung *Die Zeit* (Nr. 21/1989) beschreibt:

> "Wir sprechen heute von der Agrarreform der Mafia (...) Das ist natürlich ironisch gemeint, in Anspielung auf die ausbleibende Landreform der Regierung. Tatsache ist jedoch, daß die Mafia die Lage auf dem Lande maßgeblich verändert. Sie kauft den Großgrundbesitzern mit Vorliebe jene Ländereien ab, die von verarmten Bauern illegal bestellt werden. Dann schicken die Koka-Bosse ihre Todesschwadronen los, und viele der Überlebenden campesinos fliehen in die unerschlossenen Urwaldregionen. Dort finden sie nun Verwendung als kleine Koka-Bauern, im Dienste der Mafia."

Fast 400 Menschen fielen 1988 paramilitärischen Todesschwadronen zum Opfer. Jene, die nicht getötet werden oder sich als Koka-Bauern verdingen, flüchten in die Großstädte, auf der Suche nach Arbeit und einer besseren Zukunft. Doch die meisten von ihnen enden in den *barios*, den Slums am Rande der überfüllten Metropolen. Hier rekrutiert die Mafia ihre Killer, im Volksmund *sicarios* genannt: von der Armut brutalisierte junge Männer, die schon für 400 bis 600 Dollar einen Auftragsmord begehen. Das Reservoir ist unerschöpflich. Nach Angaben der amerikanischen Drogenpolizei DEA verfügte allein das Medellín-Kartell 1989 über 15.000 Bewaffnete - eine riesige Privatarmee, die von Söldnern aus Israel, Großbritannien und Südafrika ausgebildet wurde.

Arbeit gibt es genug, denn nicht jeder läßt sich von der Mafia kaufen. Die, die nicht korrumpierbar sind, werden eingeschüchtert oder ermordet. Den Mordkommandos der Mafia sind in den letzten Jahren Tausende zum Opfer gefallen, darunter zahlreiche hochgestellte Persönlichkeiten des öffentlichen Lebens. Gerade die achtziger Jahre entwickelten sich für Kolumbien zu einem Jahrzehnt des Schreckens:

1984: Die Drogenmafia läßt den Justizminister Rodrigo Lara Bonilla ermorden. Auch der Richter, der mit der Untersuchung des Falles beauftragt ist, stirbt eines unnatürlichen Todes.

1985: Am 6. November stürmen 40 Mitglieder der Terrororganisation M-19 den Justizpalast in Bogotá und nehmen 250 Menschen als Geiseln, darunter die Verfassungsrichter, die an diesem Tag über die Rechtmäßigkeit des 1979 mit den USA geschlossenen Auslieferungsabkommens beraten. Die Terroristen vernichten die Dokumente noch nicht entschiedener Auslieferungsanträge und erschießen den Präsidenten des Obersten Gerichtshofs, Alfons Reyes Echandia. Staatspräsident Belisario Betancur befiehlt daraufhin der Armee und seiner Antiterroreinheit GOES, den Justizpalast zu stürmen. Über hundert Menschen sterben, darunter alle Verfassungsrichter. Die Drogenmafia soll bei der Terror-Aktion ihre Hände mit im Spiel gehabt haben. Im Jahre 1987 erklärt der Oberste Gerichtshof das Auslieferungsabkommen für verfassungswidrig.

1987: Im Januar schießen gedungene Mörder in Budapest auf den Nachfolger Bonillas, Enrique Parejo Gonzáles. Gonzáles, nach seiner Amtszeit auf den vermeintlich sicheren Posten des Botschafters nach Ungarn versetzt, überlebt das Attentat - schwerverletzt mit drei Kugeln in seinem Körper. Sechzehn Auslieferungsanträge hatte er in seiner Funktion als Justizminister befürwortet.

1988: Der Generalstaatsanwalt Carlos Mauro Hoyos, der gegen korrupte Justizangehörige ermittelt, wird von der Mafia entführt und wenige Stunden danach in der Nähe Medellíns tot aufgefunden.

1989: Drogengangster ermorden Carlos Valencia García, Richter am Obersten Gerichtshof. 4.500 Richter treten daraufhin in den Streik und fordern bessere Sicherheitsvorkehrungen, 300 Richter quittieren den Dienst.

Am 10. August stirbt auf einer Wahlkampfveranstaltung vor den Augen von Tausenden entsetzter Menschen der liberale Präsidentschaftskandidat Luis Carlos Galán durch die Schüsse eines bezahlten Killers. Für die Ermordung Galáns, einem erklärten Gegner der *Narcos*, war ein Kopfgeld in Höhe von einer halben Million Dollar ausgesetzt.

Die brutale Ermordung Galáns war selbst für den im Kampf gegen die Drogenkartelle recht zögerlich agierenden Präsidenten Virgilio Barco zuviel. Er sagte den Gangstersyndikaten den

Kampf an, rief den Ausnahmezustand aus und setzte den 1987 ausgesetzten Auslieferungsvertrag mit den USA wieder in Kraft. In den darauffolgenden Monaten durchkämmte ein Riesenaufgebot von Polizei und Militär halb Kolumbien, vernichtete Drogenlabors und Flugpisten, konfiszierte Immobilien, Waffen und Transportmittel. Die Sicherheitskräfte nahmen 12.000 potentielle Drogenhändler fest, wobei aber nur eine einzige Festnahme erwähnenswert war: die des obersten Buchhalters des berüchtigten Medellín-Kartells, Eduardo Martinez Romero. Er wurde an die USA ausgeliefert und dort der Geldwäsche in Höhe von 1,2 Milliarden Dollar angeklagt.

Die Reaktion der untergetauchten Drogenbosse auf die staatliche Provokation ließ aber nicht lange auf sich warten. Sie schlugen mit Brachialgealt zurück, jagten Banken, Geschäfte und das Verlagshaus einer renommierten Tageszeitung in die Luft, setzten Politiker und Polizisten unter Druck. Allein 1.600 Richter erhielten Morddrohungen.

Die Methode der Einschüchterung hat Tradition. In den zurückliegenden Jahren bezahlten unzählige Richter, Staatsanwälte, Gewerkschaftsführer, Polizisten und Soldaten ihren Kampf gegen das organisierte Verbrechen mit dem Leben. Auch viele mutige Journalisten fanden den Tod, so der Chefredakteur der kolumbianischen Zeitung *El Espectador*, Guillermo Cano. Er und seine Mitarbeiter hatten sich in der Vergangenheit mit kompromittierenden Artikeln über die Drogenmafia den Unmut der *Narcos* zugezogen. In einem Artikel schrieb Cano zur Frage der Drogenlegalisierung:

> "Das hieße doch auch, alle Begleiterscheinungen (des Drogenkartells) zu legalisieren und zu rechtfertigen: das Waschen schmutzigen Geldes, die Ermordung von Richtern, von Ministern, von einfa-

> chen Menschen, die in Erfüllung ihrer Pflicht den Narcotraficantes und ihren gedungenen Killern zum Opfer gefallen sind."

Am 17. Dezember 1986 um 19.30 Uhr fiel der 61jährige Journalist selbst einem gedungenen Killer zum Opfer, getroffen von den Kugeln aus einer Maschinenpistole der Marke MAC-10.

Jährlich sterben in Kolumbien 18.000 Menschen eines gewaltsamen Todes. Aber nur 2 % der Morde werden aufgeklärt. Mord ist mittlerweile in Kolumbien unter den 14- bis 44jährigen die häufigste Todesursache. Allein in der Kokainhochburg Medellín wurden 1990 mehr als 5.300 Morde verübt, und viele der Tötungsdelikte standen im Zusammenhang mit Drogen.

Sowohl unter den Tätern als auch unter den Opfern befinden sich zahlreiche Minderjährige. Nach Aussage der Journalistin Laura Restrepo sind "von je 100 in Medellín ermordeten Menschen (...) 70 zwischen 14 und 19 Jahre alt". Es sind Kinder aus armen und zerrütteten Elternhäusern, deren Familie nun eine der vielen Straßenbanden Medellíns ist. Die Jugendlichen träumen davon, es ihren großen "Vorbildern" aus der Drogenszene gleichzutun und die kriminelle Erfolgsleiter emporzusteigen. Sie töten und werden getötet. Die Sicherheitskräfte gehen unbarmherzig gegen die Jugendlichen vor. Die Menschenrechtsorganisation *Amnesty International* berichtet in ihrem Jahresbericht 1991 von solchen Übergriffen der Polizei:

> "Ein (...) Ermittlungsverfahren eröffnete die Generalstaatsanwaltschaft im Zusammenhang mit Vorwürfen gegen das Elitepolizeikorps, das 1989 mit der erklärten Absicht aufgestellt worden war, paramilitärische Gruppen zu bekämpfen. Dem Korps wurde angelastet, im Zuge der Bekämpfung des or-

ganisierten Drogenhandels durch die Regierung mehrere Massaker an Jugendlichen in den Armenvierteln von Medellín verübt zu haben. Die Übergriffe waren offensichtlich Vergeltungsmaßnahmen für die Tötung von über 150 Polizeibeamten in der ersten Jahreshälfte in Medellín."

Der "Kokainkrieg" geriet zu einer Farce, die Regierung war nicht in der Lage, die Macht der Kartelle entscheidend zu brechen. Kolumbien, so scheint es, ist zu einer regelrechten *Narco-Demokratie* verkommen. Korruption und Gewalt haben das Land in seinen Grundfesten erschüttert. Die Kokainkartelle verfügen heute über ein Macht- und Korrumpierungspotential, das sie nahezu unantastbar macht.

Daran dürften auch spektakuläre Erfolge der Sicherheitskräfte wenig ändern. So wurde schon 1987 eines der führenden Mitglieder des Medellín-Kartells, Carlos Lehder, festgenommen und an die USA ausgeliefert. Dort verurteilte ihn ein Gericht im Juli 1988 wegen Kokainschmuggels und Steuerhinterziehung zu lebenslänglich ohne Bewährung plus 135 Jahre Haft. Insider glauben, Lehder wurde wegen interner Konflikte von seinen eigenen Komplizen an die Polizei verraten. Rodriguez Gacha, ein weiteres hochrangiges Mitglied der Organisation, und sein Sohn Freddy starben während eines Feuergefechts mit der Polizei. Auch über ihr Schicksal gibt es widersprüchliche Informationen. Augenzeugen berichteten, Gacha hätte sich und seinen Filius, als er die Übermacht der Polizei feststellen mußte, mit einer Handgranate in die Luft gesprengt, getreu dem Motto: "Lieber ein Grab in Kolumbien als eine Zelle in den USA."

Mit der Wahl César Gavirias zum Präsidenten änderte sich die Drogenpolitik des Landes. Nicht mehr Repression war gefragt, sondern Verständigung. So sagte die Regierung den Drogenbossen Strafminderung und bevorzugte Haftbedingungen zu, wenn sie kapitulieren und ein Teilgeständnis ablegen würden. Auch wurde den *Narcos* garantiert, daß sie nicht an die Vereinigten Staaten ausgeliefert werden. George Ochoa und Pablo Escobar, die Köpfe des Kartells, stellten sich daraufhin 1990 bzw. 1991 freiwillig der kolumbianischen Polizei. Die Behörden richteten Pablo Escobar in der Nähe seiner Heimatstadt Envigado eine komfortable Zelle mit Wasserbett, Stereoanlage und Fernseher ein. Von dort konnte er unter den Augen der Justiz ungestört seinen Geschäften nachgehen. Als der Chef des Medellín-Kartells in ein Militärgefängnis verlegt werden sollte, floh er im Juli 1992 mit neun Komplizen aus seiner luxuriösen Haftanstalt. Wieder in Freiheit, drohte er der Regierung mit einer Terrorwelle, wenn nicht unverzüglich Friedensverhandlungen mit ihm aufgenommen würden. Seine Drohung unterstrich er mit einem Bombenattentat in der Hauptstadt Bogotá, bei dem 17 Menschen ums Leben kamen.

Von der - vorübergehenden - Schwäche des Medellín-Kartells profitierte in letzter Konsequenz aber nur eine andere kriminelle Organisation. So konnte sich das Cali-Kartell größere Anteile am weltweiten Kokainmarkt sichern, nicht zuletzt deshalb, weil es im Gegensatz zum Medellín-Kartell stets verstanden hat, eine offene Konfrontation mit den Sicherheitskräften zu vermeiden. Nun sind es die Männer um José Santacruz Londono und Gilberto Rodríguez Orejula, die in erster Linie den nordamerikanischen und europäischen Markt mit Koks beliefern. Nach wie vor ist der US-Markt besonders attraktiv, denn in den Vereinigten Staaten leben mit Abstand die meisten Kokain-User. Daneben haben die *cocaine-lords* ihr Drogensortiment um ein weiteres Rauschgift bereichert: Heroin. So wurden in Kolumbien schon die ersten Schlafmohnfelder entdeckt - ein Indiz dafür, daß die südamerikanischen Drogenhändler für alle Eventualitäten (Legalisierung des Kokainhandels, Preisverfall durch Überangebot) gewappnet sind.

10. KOKAIN VERGIFTET EINE NATION

Der weitaus größte Teil des in Lateinamerika illegal produzierten Kokains geht in die USA. So ist allein 60-80 % des kolumbianischen Kokains für den US-Markt bestimmt. Die Vereingten Staaten sind heute das Land mit der größten Verbreitung des Kokainmißbrauchs; hier spielt das Heroinproblem - im Gegensatz zur Bundesrepublik Deutschland - nur noch eine untergeordnete Rolle. Die amerikanische Boulevardpresse sowie führende US-Politiker haben Kokain und insbesondere sein Derivat Crack mittlerweile zur stärksten Bedrohung der inneren Sicherheit erhoben. Für sie und viele andere Amerikaner ist Crack *Staatsfeind Nummer eins.*

Jedes Jahr werden mehrere hundert Tonnen Kokain in die Vereinigten Staaten geschmuggelt, vornehmlich über Florida und Kalifornien. Die Zahl der Amerikaner, die heute Kokain und Crack gebrauchen, dürfte demzufolge schon bei etlichen Millionen liegen. Schätzungen gingen Anfang der neunziger Jahre von sechs bis zehn Millionen Kokainkonsumenten aus. Wieviele davon süchtig sind, weiß man nicht genau. Die Juristin Heike Gramckow spricht in diesem Zusammenhang von zwei bis drei Millionen Kokainabhängigen. Die Zahl der Konsumenten von Crack läßt sich nur erahnen. Einige Experten konstatierten für 1990 fünf Millionen Cracksüchtige in den Vereinigten Staaten. Beispielsweise wurden zwischen Juni 1988 und Juni 1989 in den New Yorker Notaufnahmen 6.755 Fälle einer Kokain-Überdosis registriert, in Washington waren es 5.289, in Detroit 4.814 und in Los Angeles 3.296. Jeden Tag sterben in den USA fünf Menschen an den Folgen einer Überdosis Koks, und es werden jedes Jahr mehr.

Die Koks- und Crack-Epidemie scheint weder vor Kindern und Jugendlichen noch vor Erziehern, hochrangigen Politikern und alten Leuten haltzumachen, wie die Aussage Ivys, einer 26jährigen "Konsumentin von allerlei Drogen" demonstriert, die wir dem Buch *Designer-Drogen: Die neue Gefahr* von Sahihi entnehmen:

> "Mann, wenn Du sehen willst, wie tief Koks in unsere Gesellschaft eingedrungen ist, dann mußt Du zu einem spezialisierten Drogen-Doktor, noch besser in ein richtiges Drogen-Krankenhaus gehen und Dir angucken, was da im Wartezimmer sitzt: Das sind nicht alles Punks und Hippies und Dropouts, Mann, da sitzen auch ein paar Leute herum, die aussehen, als hätten sie keine Ahnung, was Drogen sind, und wenn Du Glück hast, sitzen sogar Oma und Opa da, ja, buchstäblich Oma und Opa, siebzig Jahre alt, von ihren Enkeln auf Koks angetörnt, und jetzt wird's ihnen zu teuer oder zu ungesund, und sie wollen aufhören. Und, auch was Crack angeht, Mann, da darf man sich nicht täuschen: Das sind nicht nur die sichtbar Fertigen, die Crack rauchen, wirklich nicht. Irgendwo, ich glaube in New York City, ist vor zwei, drei Wochen ein Schul-Rektor beim Crack-Kauf verhaftet worden. Ich habe gelesen, daß in den nächsten zwei, drei Tagen dann Psychologen in diese Schule geschickt wurden, um die Kinder zu trösten, daß ihr Häuptling wegen Crack einsitzen wird - und sie rechten Wegs zu leiten."

Die sozialen und wirtschaftlichen Folgeschäden in Verbindung mit Drogen sind enorm. Gerade die schnell einsetzende Crack-Abhängigkeit macht Beschaffungskriminalität unumgänglich. Ein

Crack-Süchtiger muß wöchentlich etwa 1.000 Dollar für seine Sucht aufbringen. Einbruch, Raub und Prostitution sind für viele Abhängige der einzige Weg, sich das Geld für die Droge zu beschaffen. Gerade die Beschaffungsprostitution ist besonders fatal, da sie zur Verbreitung der Immunschwäche Aids beiträgt. Betroffen sind vor allem die sozial Schwachen. Die Journalisten H. H. Bräutigam und K. Kruse wissen von der statistischen Front zu berichten, daß "die Zahl der Schwarzen und Hispanics unter den heterosexuellen Virusträgern fünfmal höher (ist) als die der Weißen, obwohl sie nur ein Viertel der Gesamtbevölkerung ausmachen. 51 Prozent der aidskranken Frauen sind schwarz, 34 Prozent Hispanics. 90 Prozent der infizierten Kinder gehören diesen beiden ethnischen Minderheiten an." Nach dem Jahresbericht 1992 des Internationalen Drogenkontrollrates der Vereinten Nationen sind weltweit bereits 20 % der Rauschgiftsüchtigen mit dem Aids-Virus infiziert.

Vom Umfang her stellt die Beschaffungskriminalität in den USA ein wesentlich größeres Problem dar als in Europa (zum Vergleich: in New York liegt der Anteil der Beschaffungskriminalität als Geldquelle für den Rauschgiftkonsum bei 43 %, in Amsterdam lediglich bei 25 %), ganz abgesehen davon, daß amerikanische Abhängige in der Regel schwerere Delikte verüben. Karl-Heinz Reuband nennt Gründe für diese Diskrepanz:

> "Man kann vermuten, daß der stärkere Drang der amerikanischen Abhängigen zu schweren Formen der Kriminalität einerseits aus einem größeren Zwang der Geldbeschaffung erwächst: Aufgrund des geringen Maßes an wohlfahrtsstaatlicher Unterstützung in den USA müssen die Abhängigen nicht nur ihren Drogengebrauch, sondern auch noch ihren Lebensunterhalt finanzieren. Wo jemand keinerlei materielle Unterstützung erfährt, muß er um-

> so massiver versuchen, sich Gelder in illegaler Weise zu beschaffen. Andererseits mag zum allgemeinen Deliquenzmuster der Abhängigen auch mit beitragen, daß in den USA generell - im Vergleich zu Europa - Eigentumsdelikte und Raub stärker verbreitet sind (...) Die Abhängigen reproduzieren in dieser Hinsicht das allgemein verbreitete Deliquenzmuster."

Zur Beschaffungs- kommt die Gewaltkriminalität. Durch das Gefühl absoluter Omnipotenz, den Verlust von Hemmungen sowie das Auftreten von Halluzinationen und Paranoia erhöht Kokain und insbesondere Crack das Aggressionspotential der Konsumenten. Zahlreiche Totschlagsdelikte gehen inzwischen auf das Konto sogenannter *Crack-Heads*. Auch der brutale Gewalteinsatz der Dealer, die rücksichtslos um Absatzgebiete kämpfen, ist mitverantwortlich für die eskalierende Drogenkriminalität. Laut FBI-Statistik nahm die Zahl der Gewaltverbrechen in den Vereinigten Staaten allein 1990 um 10 % zu. Mord und schwere Körperverletzungen stiegen um 10 %, Vergewaltigungen um 9 %, die Zahl der Raubüberfälle erhöhte sich um 11 %, und 5 % mehr Autos wurden gestohlen. Den Grund für die wachsende Kriminalitätsbelastung sehen die Experten der Bundespolizei in der ausufernden Drogendelinquenz. Drogendelikte haben gewöhnliche Eigentumsdelikte wie Raub, Diebstahl und Einbruch längst den Rang abgelaufen. Die Gefängnisbevölkerung zählt in den Vereinigten Staaten heute 900.000 Inhaftierte; 30 % der Neuzugänge sitzen wegen eines Drogenvergehens ein. William Sessions, Chef des FBI, zur Verbindung von Crack-Mißbrauch und Gewaltkriminalität:

> "Es gibt einen direkten Zusammenhang zwischen dem Ansteigen der Gewaltverbrechen und dem Handel und dem Gebrauch von Crack-Kokain.

Crack provoziert Gewalt, sowohl unter den Händlern wie beim Verbraucher. Eine beträchtliche Zahl der Morde ist deshalb dem Rauschgift zuzuordnen."

Unter den wegen eines Drogendelikts auffällig gewordenen Personen befinden sich unzählige junge Menschen. In den amerikanischen Großstädten sterben die Söhne und Töchter des armen Amerikas. Allein in der kalifornischen Metropole Los Angeles schlagen sich 95.000 zumeist jugendliche und heranwachsende Bandenmitglieder mit kriminellen Aktivitäten durchs Leben. Brutale Gewalt, Drogensucht, mangelnde Schul- und Berufsausbildung, fehlende Zukunftsperspektiven sowie gesellschaftliche Zwänge prägen ihren Alltag. Viele von ihnen suchen ihr Heil im Drogengeschäft, als Handlanger oder (Klein-)Dealer. Hier läßt sich schnell viel Geld verdienen, hier wird aber auch schnell gestorben. Und die, die überleben, finden sich über kurz oder lang hinter Gittern wieder. In den Vereinigten Staaten sitzen mehr schwarze Kids im Gefängnis als insgesamt Schwarze an amerikanischen Universitäten studieren. Und immer mehr Kinder geraten in den verhängnisvollen Kreislauf von Armut, Kriminalität und Sucht. Von den 1989 festgenommenen jugendlichen Straftätern im Alter von dreizehn Jahren erwiesen sich 35 % als Kokain-positiv. 1987 lag ihr Anteil noch bei 9 %. Beke-Bramkamp bringt die prekäre Situation der Jugendlichen auf den Punkt:

> "Die drop-out Rate bei High school students in den USA beträgt in einigen 'farbigen' Stadtteilen New Yorks nahezu 50 %; d.h. jeder zweite Schüler verläßt dort die Schule ohne irgendeinen Abschluß. 43,8 % der schwarzen Kinder in den USA, so ein jüngster Bericht der Annie Casey Stiftung, leben unterhalb der staatlich festgesetzten Armutsgrenze. Bei 38,2 % der hispanischen Kinder ist die Situation die gleiche. Insgesamt leben in den USA 20 %

der insgesamt 60 Millionen Kinder in Armut - Nährboden für Bereitschaft zu Auflehnung und Gewalt. 166 von 100.000 Kindern lebten 1987 im Gefängnis."

Die farbige Großstadtjugend Amerikas verwahrlost zusehends. Gerade in den Slums ist das Problem der *broken families* allgegenwärtig. Die in der Regel alleinerziehenden, oftmals selbst sehr jungen Mütter sind kaum in der Lage, ihren Kindern die notwendige Fürsorge zuteil werden zu lassen. Viele der Frauen sind selbst drogenabhängig und gehen zur Finanzierung ihrer Sucht der Prostitution nach. Hinzu kommt, daß Drogenhändler nicht selten die Sozialwohnungen der alleinstehenden Frauen für die Rauschgiftproduktion und die Abwicklung von Drogendeals mißbrauchen - häufig gegen deren Willen.

Nicht einmal das ungeborene Leben ist vor der Drogenpest sicher. Zwei Millionen Amerikanerinnen sollen derzeit crackabhängig sein. Gerade unter den Frauen der sozialen Unterschicht hat sich der Crackmißbrauch epidemisch ausgebreitet. Unzählige von ihnen geben ihre Sucht an ihre ungeborenen Kinder weiter. Jährlich werden in den Vereinigten Staaten über 300.000 drogenabhängige Kinder geboren. Von den 1989 im *Bronx Lebanon Hospital* (New York) zur Welt gebrachten dreitausend Babies war jedes vierte das Kind einer crackabhängigen Mutter. 9 % der Neugeborenen hatten sich schon mit dem Aids-Virus infiziert.

Allein die medizinischen Folgeschäden sind gravierend. Häufig kommt es bei crackrauchenden Schwangeren zu Tot- und Fehlgeburten. Crackgeschädigte Babies sind hyperaktiv und hypernervös. Sie leiden unter Entzugserscheinungen und sind aufgrund ihres geschwächten Immunsystems äußerst anfällig für Infektionskrankheiten. Überproportional sind sie von Gehirnschlag und Kindbettod bedroht. Gegenüber Normalgeborenen weisen die

Crack-Kinder Defizite in ihrer körperlichen und geistigen Entwicklung auf. Viele der Babies sind HIV-infiziert und haben körperliche Mißbildungen. Auch befürchtet Sahihi, "daß 'Crack-Babies' später sehr anfällig für alle Formen schizophrener Erkrankungen sind".

Trotzdem haben diese Kinder eine Chance. Untersuchungen haben gezeigt, daß Crack bei Neugeborenen keine bleibenden geistigen Schäden verursacht. Der amerikanische Kinderarzt Ira J. Chasnoff konnte nachweisen, daß crackgeschädigte Kinder, wenn sie unter normalen Umständen aufwachsen, nach etwa 18 Monaten ihre intellektuellen Defizite aufgeholt und entwicklungsmäßig mit normalgeborenen Kindern auf einer Stufe stehen. Wenn sie normal aufwachsen!

Zu den sozialen Auswirkungen kommen die durch Drogen verursachten volkswirtschaftlichen Schäden. Jüngste Schätzungen gehen dahin, daß die Vereinigten Staaten durch drogenbedingte Produktionsausfälle, Krankheitskosten und Beschaffungskriminalität sowie die Ausgaben für die staatliche Drogenbekämpfung und die Einrichtung von Therapieplätzen jährlich rund 100 Milliarden Dollar verlieren.

Jährlich geben die Amerikaner zwischen 70 und 100 Milliarden Dollar für Kokain und Crack aus. Dagegen nehmen sich die für den *War on Drugs* bereitgestellten Gelder eher bescheiden aus. 13 Milliarden Dollar stehen 1993 der Clinton-Administration für ihren Kampf gegen die Drogen zur Verfügung. Davon sind aber zwei Drittel für die gesetzliche Bekämpfung des Rauschgiftkonsums und nur rund ein Drittel für Forschung, Aufklärung und Therapie vorgesehen. Der für die Rauschgiftbekämpfung zuständigen *Drug Enforcement Administration* billigte der Kongreß ein Budget von knapp 900 Millionen US-Dollar zu.

Mit den unterschiedlichsten Maßnahmen versuchen die Behörden, dem Drogenproblem Herr zu werden. So sollen in sogenannten *shock camps* Drogensüchtige mit Zwangsarbeit und paramilitärischer Umerziehung *therapiert* werden. Desweiteren droht man Drogenhändlern mit der Zwangsräumung ihrer Sozialwohnung, um so drogenfreie Wohngegenden zu schaffen. Auch haben Drogenstraftäter keinen Anspruch auf staatliche Unterstützung in Form von Stipendien und Subventionen sowie bestimmten Berufs- und Geschäftslizenzen.

Ein weiteres Mittel sind Drogentests am Arbeitsplatz und in den Schulen. Betroffen sind sowohl Schulsportmannschaften als auch Behörden und Unternehmen. Privatfirnmen, die sich gegen diese Tests sperren, haben kaum eine Chance, staatliche Aufträge und Fördermittel zu erhalten. Die *Hardliner* der Drogenpolitik gehen sogar noch weiter. Sie fordern die Todesstrafe für hochkarätige Drogenbosse und Dealer, denen ein Verschulden am Tod eines Drogenkonsumenten nachgewiesen werden kann.

Selbst der koksenden Oberschicht wird der Kampf angesagt. So forderte Amerikas oberster, erst kürzlich zurückgetretener Drogenbekämpfer William Bennett, daß Gelegenheitskonsumenten aus wohlhabenden Kreisen mit Führerscheinentzug, Beschlagnahme ihrer Autos, namentlicher Anprangerung in der Lokalpresse, Erziehungslager und militärischem Drill für ihren Kokaingebrauch bestraft werden. Originalton Bennett: "Diese Jungs müssen die Hitze spüren."

Es gab auch Kritik an den genannten Methoden. So hat man Drogentests in sensiblen Berufszweigen (z.B. bei Piloten, Zugeführern, etc.) als sinnvoll bezeichnet, sich aber gegen eine generelle Einführung gewandt. Hinzu kommt, daß bei den gängigen Testmethoden eine Fehlerquote von 20 % einzukalkulieren ist. Auch hinsichtlich der Todesstrafe sind Bedenken laut geworden. Wie

Untersuchungen immer wieder gezeigt haben, hat die Todesstrafe keine abschreckende Wirkung, sondern trägt eher zur Brutalisierung der Gesellschaft bei.

Von der Substitutionsforschung verspricht man sich dagegen mehr Erfolg. Amerikanische Wissenschaftler forschen inzwischen nach Medikamenten, die helfen sollen, die beim Kokainentzug auftretenden psychischen Entzugserscheinungen wie Depressionen und Dysphorien auszuschalten. Leider ist das Therapieangebot auch in den Vereinigten Staaten unzureichend, so daß eine Vielzahl von Behandlungswilligen keinen Therapieplatz erhält. Zwar investieren die Amerikaner 1993 140 Milliarden Dollar in die Behandlung von rauschgiftbedingten Gesundheitsschäden, profitieren werden davon vor allem Angehörige der Mittel- und Oberschicht. Nichtversicherte und mittellose Süchtige haben da kaum eine Chance. 35 Millionen Amerikaner verfügen über keinerlei Versicherungsschutz. Sie sind auf die Hilfe des Staates angewiesen.

Die Jugend Amerikas versucht man, primär mit Aufklärungskampagnen vom Drogenkonsum abzuhalten, so z.B. die von Nancy Reagan initiierte Kampagne *Just Say No*. Aber auch hier ergeben sich Schwierigkeiten. In der Regel erreichen solche Aufklärungskampagnen nur die Kinder der weißen Mittelschicht; Kids aus den Ghettos werden von ihnen weniger angesprochen. Außerdem haben wissenschaftliche Studien herausgefunden, daß eine überzogene und falsche Drogenerziehung Kinder neugierig machen und zum Drogenkonsum animieren kann.

Der Schwerpunkt drogenpolitischer Maßnahmen liegt auf der Bekämpfung der Drogenhändler und Dealer. Hier verfügen die Behörden über eine äußerst wirksame Waffe. Schon seit längerem müssen Bareinzahlungen über 10.000 Dollar gemeldet werden, um so das Waschen schmutzigen Geldes zu verhindern. Immobilien, Schiffe, Flugzeuge und Autos, die zum Drogendeal benutzt oder mit Drogengeldern bezahlt werden, können von der Polizei beschlagnahmt werden. Überdies besteht für die Sicherheitsbehörden die Möglichkeit, Gelder, die vermutlich aus dem Drogenhandel stammen (eine Verurteilung muß nicht vorliegen), ersatzlos zu konfiszieren. 10 % des beschlagnahmten Geldes geht an den Bund, der Rest wird auf die ermittelnden Behörden der Einzelstaaten verteilt.

Selbst vor kriegerischen Auseinandersetzungen schrecken die USA im Kampf gegen den internationalen Drogenhandel nicht zurück, wie der bewaffnete Konflikt in Panama eindrucksvoll unter Beweis stellte. Jedoch offenbart sich am Beispiel Panama auch die Doppelmoral der amerikanischen (Drogen)Politik. Jahrelang durfte der Diktator Manuel Noriega unter dem Schutz der US-Regierung seinen dubiosen Drogengeschäften nachgehen, da die politische Haltung des Generals den Verantwortlichen im fernen Washington genehm war. Erst als Noriega für die US-Regierung politisch unberechenbar wurde, entschloß man sich zum militärischen Eingreifen. Nun sitzt der ehemalige General in einem amerikanischen Gefängnis und sieht sich mit einer Anklage wegen Drogenhandels konfrontiert. Ob er jemals verurteilt wird, bleibt abzuwarten. Sein Wissen könnte manchen Politiker in arge Bedrängnis bringen.

Die *Contragate-Affäre* ist ein weiteres Beipiel für die machtpolitisch gefärbte Drogenpolitik der US-Administration. Lange Zeit konnte Oliver North, Mitarbeiter im Weißen Haus, Drogengeschäfte abwickeln, um mit den daraus resultierenden Gewinnen den in Nicaragua operierenden *Contras* Waffen zu verschaffen. Solche Geschäfte hätten wohl kaum ohne die Protektion hochrangiger Politiker und Geheimdienstler abgewickelt werden können.

Trotz aller staatlichen Bemühungen sind die Erfolge mehr als bescheiden. Von einem Rückgang des Rauschgiftkonsums in den USA kann derzeit nicht die Rede sein. Zu beobachten ist lediglich eine Verschiebung des illegalen Drogengebrauchs von der überwiegend weißen Mittel- auf die mehrheitlich farbige Unterschicht. Gerade in den Slums von Detroit, New York und Los Angeles mit ihren krassen sozialen Mißständen findet der Rauschgift-, insbesondere der Crackmißbrauch einen idealen Nährboden. Drogenkonsum, Kriminalität, Aids und soziale Verwahrlosung haben dazu geführt, daß viele Ghettobewohner heute eine niedrigere Lebenserwartung haben als die Menschen in den ärmsten Entwicklungsländern. Liegt die durchschnittliche Lebenserwartung in den Vereinigten Staaten bei 75 Jahren, beträgt sie im New Yorker Stadtteil Harlem lediglich 46 Jahre.

Amerikas Drogenpolitik, so gesteht selbst der aus dem Amt geschiedene Präsident George Bush ein, ist gescheitert. Zurück bleibt ein Trümmerhaufen aus Gewalt und Elend. Zahlreiche Amerikaner halten mittlerweile die Legalisierung harter Drogen für den einzigen Ausweg, um einer weiteren Verelendung und Kriminalisierung des Drogenproletariats entgegenzuwirken sowie dem Drogenhandel das Wasser abzugraben. Und wo der Staat sicherheitspolitisch versagt, greift der Bürger zu gefährlichen Selbstinitiativen. 200 Millionen Handfeuerwaffen kursieren in amerikanischen Haushalten - scheinbarer Schutz gegen eine immer brutaler werdende Umwelt.

11. EINE DROGE EROBERT DIE "ALTE WELT"

Während der US-Markt gesättigt scheint und auf einem hohen Niveau stagniert, ist auf europäischem Boden ein zunehmender Umgang mit Kokain zu verzeichnen. Dies belegen die jährlich steigenden Sicherstellungen. Belief sich die Menge des beschlagnahmten Kokains 1986 auf 1.500 Kilogramm, waren es 1990 an die 13 Tonnen. Mitte der achtziger Jahre ging man schon von über einer halben Million europäischer Kokainkonsumenten aus, von denen rund 100.000 die Droge regelmäßig konsumierten. Anfang der neunziger Jahre dürfte die Zahl der gewohnheitsmäßigen Kokain-User in Europa schon bei mehreren Hunderttausend liegen.

Der Druck auf den europäischen Kokainmarkt hat in den letzten Jahren weiter zugenommen. Internationale Händlerringe versuchen verstärkt, in Europa Fuß zu fassen und neue Absatzmärkte zu erschließen, wobei die durch den EG-Binnenmarkt ab 1993 geöffneten Grenzen den europäischen Drogenmarkt nur noch attraktiver machen. So wurden 1992 67 Tonnen Kokain nach Europa eingeschmuggelt; primär über die Einfuhrschleusen Spanien, Niederlande und Bundesrepublik Deutschland. Gerade Spanien ist aufgrund der gleichen Sprache wie in den Herkunftsländern sowie seiner schwer zu kontrollierenden Küste für die illegale Einfuhr von Kokain nach Europa prädestiniert, wobei das Gros des sichergestellten Kokains aus Kolumbien stammt.

Den Schmuggel von Kokain auf europäischer Ebene organisieren nach Erkenntnissen der internationalen Polizeibehörden in der Hauptsache europäische sowie südamerikanische Großdealer, insbesondere Kolumbianer. Verstärkt werden auch Aktivitäten afrikanischer Kokain-Schmuggler in Europa registriert.

Nach dem Zusammenbruch des Sozialismus gewinnt der Osten im internationalen Rauschgiftgeschäft zunehmend an Bedeutung. Amphetamine aus Polen und Heroin aus den ehemaligen Sowjetrepubliken Tadschikistan, Usbekistan und Turkmenien drängen auf den westeuropäischen Markt. Auch beim Transfer von illegalen Drogen aus Afghanistan und Lateinamerika spielt die *Rote Mafia* eine wichtige Rolle. Es ist zu erwarten, daß immer größere Rauschgiftmengen - auch Kokain - über die Ostroute in die Länder des reichen Westens gelangen werden.

Ob neben dem Kokain auch Crack in Europa an Bedeutung gewinnen wird, ist noch nicht abzusehen. Anzeichen für Crackmißbrauch, insbesondere in England, existieren, von einer epidemischen Ausbreitung kann jedoch (noch) nicht gesprochen werden.

Koks für die Deutschen

Alles spricht dafür, daß sich die Kokainsituation in Europa verschärfen wird. Auch das wiedervereinigte Deutschland wird von dieser Entwicklung nicht verschont bleiben. Hier spielte Kokain in den sechziger und siebziger Jahren so gut wie keine Rolle. Ende der siebziger Jahre hatte sich aber die bundesdeutsche Pop- und Filmszene der amerikanischen Kokainmode weitgehend angeschlossen.

Im Januar 1979 wurde der israelische Sänger Abi Ofarim in München wegen Kokainbesitzes verhaftet und im Februar des gleichen Jahres zu einem Jahr auf Bewährung sowie 50.000 DM Geldstrafe verurteilt. Aber Ofarim blieb nicht die einzige Berühmtheit des bundesdeutschen Showbusiness, der man Kokaingebrauch nachsagte. Zahlreiche Schauspieler, Regisseure und

Musiker wurden mit Kokain in Verbindung gebracht, so etwa Barbara Valentin, Cleo Kretschmer, Klaus Lemke, Michael Pfleghar und Rainer Werner Faßbinder. Faßbinder wies Fragen nach seinem Kokaingebrauch 1981 vor dem Landgericht München mit den Worten zurück: "Meine Phantasie und Energie reichen aus, ich brauche keine Rauschmittel, ich habe das nicht nötig." Wie nötig Faßbinder Rauschmittel hatte, dokumentieren die Worte seines Regie-Assistenten Kurt Raab:

> "Er mußte die stärksten Schlafmittel nehmen, um wenigstens drei Stunden schlafen zu können, und als Krönung verabreichte er seinem immer unförmiger werdenden, nach Luft japsenden, grausam gefolterten Körper in immer kürzeren Abständen das weiße Pulver des Vergessens und der falschen Glückseligkeit. Er jagte es durch die Nase hoch an der durchlöcherten Scheidewand vorbei, damit es ihm den Kopf erhelle, aber es fraß auch die Knochen an."

Faßbinder starb 36jährig am 10. Juni 1982 in seiner Schwabinger Wohnung an einer Überdosis Schlafmittel und Kokain. Eine Ironie des Schicksals: Das von ihm geplante Projekt, die Verfilmung des Pitigrilli-Romans *Kokain* mit Romy Schneider in einer Hauptrolle, blieb unrealisiert.

Seit Anfang der achtziger Jahre nimmt der Gebrauch von Kokain in der Bundesrepublik kontinuierlich zu. Wurden 1981 lediglich 24 Kilogramm der Droge beschlagnahmt, war es 1990 die Rekordmenge von 2.474 Kilogramm. Damit erreichte 1990 die Menge des sichergestellten Kokains das Dreifache von der des Heroins. Nach einer scheinbaren Beruhigung im Jahre 1991 mit 963 Kilogramm wurden 1992 immerhin 1.332 Kilogramm konfisziert (vgl. Tabelle 8). Im ersten Halbjahr 1993 stellte die

Polizei 349 Kilogramm Kokain sicher (Vergleichszeitraum 1992: 427 Kilogramm).

Tabelle 8: Sichergestellte Heroin- und Kokainmengen in der Bundesrepublik Deutschland (in kg)

Jahr	Heroin	Kokain
1963	—	—
1973	15	4
1980	267	22
1981	93	24
1982	202	33
1983	260	106
1984	264	171
1985	208	165
1986	157	186
1987	320	296
1988	537	496
1989	727	1.406
1990	847	2.474
1991	1.595	963 (alte Bundesländer)
1992	1.438	1.332 (alte + neue Bundesländer)

Quelle: nach Polizeiliche Kriminalstatistik 1993, S. 211

Die illegale Einfuhr des vorwiegend aus Kolumbien stammenden Kokains erfolgt primär über den Luft- und den Seeweg. Beim erstgenannten Transportmittel wird das Rauschgift laut Bundeskriminalamt in der Luftfracht, im Reisegepäck, in der Kleidung oder am Körper versteckt transportiert. Die Palette der Schmuggeltricks erweist sich als schier unerschöpflich. So wurden von Zöllnern schon mit Drogen präparierte Leichen und kokaingetränkte Kleidungsstücke entdeckt.

Einige Rauschgiftkuriere bevorzugen eine äußerst riskante Transporttechnik - sie verstecken das Kokain im Körper (sogenannte *body packer*). Dabei wird das Kokain in Kondome verpackt und dann entweder verschluckt oder als "Analbomben" in den After eingeführt. Große Rauschgiftmengen gelangen über den Seeweg in die Bundesrepublik. Neben dem Luft- und Seeweg ist noch der sogenannte "Ameisenhandel" aus den Niederlanden erwähnenswert. Dieser Transportweg wird von Kleindealern und Eigenverbrauchern bevorzugt genutzt.

Ein Teil des in die Bundesrepublik eingeschmuggelten Kokains ist aber für das Ausland bestimmt. Nach Expertenmeinung dürften 30-50 % des beschlagnahmten Kokains sogenanntes "Transitkokain" sein. Als wichtigste Zielländer werden Großbritannien, Italien, die Niederlande, Spanien und die Schweiz genannt.

Neben der konfiszierten Kokainmenge zeigen auch die polizeilich erfaßten Kokaindelikte in den letzten Jahren steigende Tendenz. So nahm die Zahl der registrierten Kokainvergehen allein 1990 um 13,7 % zu. Die Polizeiliche Kriminalstatistik wies 1990 6.265 Kokaindelikte aus, in denen die Polizei 6.339 Tatverdächtige ermittelte: 3.100 Mißbrauchsdelikte und 3.165 Delikte wegen "illegalen Handels und Schmuggels" bzw. "illegaler Einfuhr von Betäubungsmitteln in nicht geringer Menge". Immerhin ist auffällig, daß die Zahl für illegalen Handel und Schmuggel/illegale Einfuhr von Betäubungsmitteln (BtM) in nicht geringer Menge die der erfaßten Kokain-Mißbrauchsdelikte übersteigt (vgl. Tabelle 9).

Dieses Mißverhältnis - beim Heroin überwiegen eindeutig die Mißbrauchsdelikte - ist nach Meinung von Experten darauf zurückzuführen, daß der Kokaingebrauch in der Bundesrepublik vorwiegend (noch) in den oberen sozialen Schichten vorkommt, die ihren Drogenkonsum wesentlich besser tarnen können als zum Beispiel Heroinkonsumenten aus dem Unter- oder Mittelschichtmilieu. Daher kommt Beschaffungskriminalität so gut wie gar nicht vor und sind Kokainkonsumenten eher in der Lage, sich dem polizeilichen Zugriff zu entziehen. Schutzpolizei und Rauschgiftfahndung werden Konsumenten und Kleindealern der offenen Heroinszene wesentlich leichter habhaft als Angehörigen des schwer zugänglichen Kokainmilieus. So ist auch die im Vergleich zu den polizeilich erfaßten Kokaindelikten extrem hohe Zahl der registrierten Heroindelikte zu erklären. Die Unauffälligkeit der Kokser wird auch dadurch begünstigt, daß diese weniger auf medizinische Hilfsmaßnahmen angewiesen sind, da beim Absetzen der Droge - im Gegensatz zum Heroin - in der Regel keine körperlichen Entzugs- und Abstinenzsymptome auftreten. Seit 1991 ist die Entwicklung jedoch gegenläufig. So standen 1991 in den alten Bundesländern einschließlich Gesamt-Berlin 4.141 Mißbrauchsdelikten 3.712 Fälle von "Illegalem Handel und Schmuggel" bzw. "Illegaler Einfuhr von BtM in nicht geringer Menge" gegenüber, 1992 4.729 Fälle von Kokainmißbrauch 4.295 Fällen von "Illegalem Handel und Schmuggel", repektive "Illegaler Einfuhr von BtM in nicht geringer Menge". Dies kann als Indikator für die zunehmende Verbreitung der Droge Kokain in der Straßenszene gesehen werden.

Tabelle 9: Polizeilich erfaßte Heroin- und Kokaindelikte in der Bundesrepublik Deutschland 1990

	Allg. Verstöße gegen das BtM-Gesetz	Illegaler Handel und Schmuggel/Illegale Einfuhr von BtM in nicht geringer Menge	Summe
Heroin	25.536	12.643	38.179
Kokain	3.100	3.165	6.265

Quelle: nach Polizeiliche Kriminalstatistik 1991, S. 188

Tabelle 10: Fallentwicklung beim Kokain 1991/90

	1991	1990	Steigerungsrate in %
Mißbrauchsdelikte	3974	3007	32,2
Illegaler Handel mit und Schmuggel von Rauschgiften	2983	2568	16,2
Illegale Einfuhr in nicht geringer Menge	534	429	24,5

Quelle: nach Polizeiliche Kriminalstatistik 1992, S. 25

1991 stieg die Zahl der Kokaindelikte im gesamten Bundesgebiet um weitere 25 % auf 7.857 Fälle an. Um der besseren Vergleichbarkeit willen berücksichtigt Tabelle 10 lediglich die Fallentwicklung 1990/91 in den alten Bundesländern.

Die ungünstige Entwicklung auf dem Kokainmarkt hielt auch 1992 mit einer Steigerungsrate von 14,9 % auf 9.024 Delikte an. Es wurden in den alten Bundesländern einschließlich Gesamt-Berlin 4.729 Mißbrauchsdelikte und 4.295 Fälle wegen "Illegalen Handels und Schmuggels"/"Illegaler Einfuhr von BtM in nicht geringer Menge" registriert, in denen 8.968 Tatverdächtigte ermittelt werden konnten. 4.523 Personen standen im Verdacht des Kokainmißbrauchs, 4.445 Personen verdächtigte man des illegalen Handels und Schmuggels mit Kokain, respektive der illegalen Einfuhr von Kokain in nicht geringer Menge.

Im Gegensatz zu den alten Bundesländern spielt Kokain in den neuen Ländern keine bemerkenswerte Rolle. Wie oben erwähnt, notierte die Polizei 1992 für die alten Bundesländer einschließlich Gesamt-Berlin 9.024 Kokainfälle, im gesamten Bundesgebiet wurden 9.082 Kokaindelikte aktenkundig. Somit entfielen auf die neuen Bundesländer lediglich 58 Fälle.

Die Szene - demographisch betrachtet

1992 starben weltweit 67.000 Menschen an den Folgen des Rauschgiftmißbrauchs. In der Bundesrepublik Deutschland wurden im selben Jahr über 2000 Opfer beklagt. Betrachtet man die nachfolgende Tabelle, so wird deutlich, daß in den letzten Jahren die Zahl der Rauschgifttoten rapide zugenommen hat. Welche Gründe für diese Entwicklung ausschlaggebend sind, ist schwer zu sagen. Es ist möglich, daß der Reinheitsgrad der angebotenen Drogen gestiegen ist und sich somit die Zahl der Todesfälle aufgrund von Überdosierungen erhöht hat. Ein weiterer Grund kann in der zunehmenden Verelendung der Drogenpopulation gesehen werden; insbesondere alte Fixer, die schon jahrelang zur Szene gehören, könnten überproportional von Todesfällen betroffen sein (vgl. Tabelle 11).

Wieviele von den mehr als 2000 Rauschgifttoten an den Folgen von Kokainmißbrauch gestorben sind, läßt sich nicht genau sagen. Bei den meisten Drogenopfern dürfte es sich aber um Heroinkonsumenten handeln.

Kokain ist eine Großstadtdroge. Ein überproportionaler Anteil der 1992 in den alten Bundesländern einschließlich Gesamt-Berlin polizeilich erfaßten Kokaindelikte entfiel auf Großstädte mit 500.000 und mehr Einwohnern. Kleinstädte bis 20.000 Einwohner waren dagegen unterrepräsentiert.

Zur Alters- und Geschlechtsstruktur läßt sich sagen, daß männliche Tatverdächtige bei weitem überwiegen. So waren fast 86 % der 1992 in den alten Bundesländern einschließlich Gesamt-Berlin wegen Kokaindelikten registrierten Tatverdächtigen männlichen und nur 14 % weiblichen Geschlechts. Der Großteil der Täter war erwachsen, nur etwa 16 % Minderjährige und Heranwachsende.

Tabelle 11: Rauschgifttote in der Bundesrepublik Deutschland 1973-1992

Jahr	Anzahl der Rauschgifttoten
1973	106
1974	139
1975	195
1976	344
1977	392
1978	430
1979	623
1980	494
1981	360
1982	383
1983	472
1984	361
1985	324
1986	348
1987	442
1988	670
1989	991
1990	1.491
1991	2.125
1992	2.099

Quelle: nach Polizeiliche Kriminalstatistik 1993, S. 211

Von den im Jahre 1992 in den alten Bundesländern einschließlich Gesamt-Berlin wegen Rauschgiftdelikten verdächtigten Personen besaßen 27.090 eine nichtdeutsche Staatsangehörigkeit. Es überrascht kaum, daß in der Sparte "Illegale Einfuhr von BtM in nicht geringer Menge" die Kolumbianer mit 7,3 % hinter den

Türken (33 %) und den Italienern (7,6 %) an dritter Stelle lagen. Das Bundeskriminalamt vermerkt dazu: "Bei illegaler Einfuhr von Btm in nicht geringer Menge waren vor allem Kolumbianer im Vergleich zu ihrem Tatverdächtigenanteil insgesamt erheblich überrepräsentiert (in der Regel Kokainfälle)."

Wegen der hohen Dunkelziffer sind exakte Angaben zur Zahl der Konsumenten nicht möglich. Schätzungen gehen von zwanzig- bis fünfzigtausend Kokaingebrauchern in der Bundesrepublik aus. Ihr Bedarf wird mit jährlich vier bis zwölf Tonnen angegeben. Dagegen beziffert der Psychologe Dieter Korczak die Zahl der Kokainkonsumenten allein in der bayerischen Landeshauptstadt München mit 20.000 bis 30.000. Bei den Erstkonsumenten von Kokain ist Ende der achtziger Jahre ein dramatischer Anstieg zu verzeichnen. Wie aus Tabelle 12 ersichtlich ist, wurden 1979 nur 157 Kokain-Erstkonsumenten polizeilich registriert, während 1992 mit 2.600 Personen die bisherige Höchstmarke erreicht war. Im ersten Halbjahr 1993 stieg die Zahl der Erstkonsumenten gegenüber dem Vergleichszeitraum 1992 um weitere 21 % auf 1.090 Personen an (1992: 900).

Tabelle 12: Erstkonsumenten von Kokain 1979 - 1992

1979	157
1980	364
1981	524
1982	381
1983	339
1984	520
1985	567
1986	684
1987	832
1988	1.760
1989	2.438
1990	2.308
1991	2.467 (alte Bundesländer)
1992	2.600 (alte + neue Bundesländer)

Quelle: nach Polizeiliche Kriminalstatistik 1993, S. 210

Neben speziellen Koks-Dealern versorgen nach Erkenntnissen des Bundeskriminalamtes Angehörige der Zuhälter-Szene und etablierte Cannabis-Händler die Konsumenten mit Kokain. Daneben versuchen Kokain-User mit dem Verkauf der Droge ihren eigenen Bedarf zu decken. Der Kaufvorgang findet vornehmlich in der Privatwohnung, in der Diskothek oder Kneipe statt, seltener wird mit Koks auf der Straße gedealt. Ein Gramm Kokain kostet in der Bundesrepublik Deutschland durchschnittlich 250 Mark, wofür der Endverbraucher Kokain mit einem Reinheitsgrad von maximal 25 % erhält.

Die bundesdeutsche Kokainszene ist vielschichtiger als allgemein angenommen wird. Nicht nur Künstler, die "Schickeria" und gutsituierte Geschäftsleute nehmen Kokain, sondern auch Arbeiter und Angestellte. Daneben wird die Droge verstärkt im Prostituierten- und Zuhältermilieu konsumiert. So sollen die Prostituierten im Frankfurter Bahnhofsviertel jährlich für 50 Millionen Mark Kokain verbrauchen. Drogenabhängige, insbesondere Heroinabhängige, verwenden Kokain häufig als Ersatz- oder Zweitdroge.

Als neuer Konsumententyp kristallisiert sich nach Ansicht von Keup eine Gruppe von Kokaingebrauchern heraus, die sich überwiegend aus jüngeren Leuten (andere Autoren nennen in diesem Zusammenhang Gymnasiasten, Studenten und Yuppies) zusammensetzt. Sie glauben, über den Kokainkonsum Zugang zur Elite der Gesellschaft zu bekommen, auch wenn sie aufgrund ihrer sozialen Schichtmerkmale dieser nicht zuzuordnen sind. Sie kommen größtenteils vom Haschischgebrauch, nicht vom Heroin. Erfreulicherweise läßt sich jedoch feststellen, daß die Zahl der koksenden Schüler relativ gering ist. Kokain kann auch nicht als Einstiegsdroge bezeichnet werden.

Trotz des expandierenden Kokainmarktes herrscht in der traditionellen Drogenszene weiterhin das Heroin als bevorzugtes Rauschmittel vor. Daß Kokain in der Bundesrepublik noch keine echte Straßendroge geworden ist, läßt sich daraus ablesen, daß eine schichtspezifische Konsumform wie Crack bei uns noch keine Rolle spielt. 1986 wurden in der Bundesrepublik die ersten Fälle von Crack-Mißbrauch bekannt. 1987 registrierte die Polizei fünf Crack-Fälle, 1988 waren es sechs Crack-Delikte. Im Jahre 1989 stieg die Zahl der Crack-Delikte auf zwölf an. Insgesamt wurden 1989 aber nur 52,5 Gramm des Kokainderivats sichergestellt. Auch Anfang der neunziger Jahre bewegten sich die konfiszierten Mengen im Grammbereich. 1990 beschlagnahmte die Polizei in 16 Fällen 22,3 Gramm Crack, 1991 in 19 Fällen 22,34 Gramm.

Crack stellt offenbar für die Bundesrepublik noch kein Problem dar. Die Gründe sind vielfältig. Hierbei spielen die im Vergleich zu den USA andersgearteten ökonomischen Verhältnisse und sozialen Strukturen der Konsumenten eine erhebliche Rolle. Ein Ghettoelend wie in vielen amerikanischen Metropolen ist in bundesdeutschen Großstädten bisher nicht zu konstatieren. Auch ist Crack in der Bundesrepublik noch zu teuer. Für ein Gramm Crack zahlt der Konsument zwischen 130 und 300 Mark.

Dennoch sollte die Gefahr nicht unterschätzt werden. Die südamerikanischen Kartelle drücken immer mehr Kokain in den europäischen und bundesdeutschen Rauschgiftmarkt, bedingt durch den Preisverfall in den Vereinigten Staaten und die Sättigung des nordamerikanischen Marktes. Mehr und mehr verwächst das ehemals *geschlossene* Kokainmilieu mit der *offenen* Heroinszene. Kokain scheint sich in der Straßenszene zu etablieren. Heinz Leineweber und Elmar Erhardt, Mitarbeiter des Bundeskriminalamtes, konstatieren:

> "Noch ist Heroin die Droge Nummer 1 im Bereich der harten Drogen, jedoch muß aus der gesamten Entwicklung heraus die Prognose abgeleitet werden, daß Kokain in absehbarer Zukunft das Heroin auf Platz 1 ablösen wird."

Sollte es zu einem weiteren, drastischen Preisverfall der Droge kommen, werden schichtspezifische Konsummuster - wie etwa Crackgebrauch - entstehen.

12. DIE SAAT GEHT AUF

Das Bild ist nicht ohne symbolische Tragik. Für die einzige Abwechslung auf der Bahama-Insel San Salvador, an der Kolumbus am 12. Oktober 1492 an Land ging, sorgt, wie einem Bericht des *Stern* (Nr. 46/1991) zu entnehmen ist, nur das Strandgut - menschliches und dingliches. Irgendwie scheinen dazu auch die wenigen Touristen, meist Amerikaner, zu gehören, die sich zu den sechshundert Einwohnern gesellen, am Tag Fische fangen und am Abend in einer heruntergekommenen Bar herumhängen. Auf dem Land fallen die kaputten Autos und die vom Hurrican zerstörten Barracken auf, an der Nordküste sind Wracks aufgegebener Drogenschiffe zu sehen. Die Brandung hat sie auf ein Riff geschleudert. Ihr Anblick löst Erinnerungen aus - wie eine mentale Nabelschnur zu einer längst vergangenen Epoche. Längst vergangen? Ihre Zeugen mögen schon lange tot sein, die Zeugnisse sind heute noch, vielleicht mehr denn je, sichtbar. Nicht nur auf Guanahani, das Kolumbus gottesfürchtig San Salvador taufte.

Die große Täuschung

Das verschuldete Spanien brauchte ein produktives Imperium. Kolumbus fand dieses Reich und wurde zum Konquistador, Kolonisator und zu dessen erstem Befehlshaber in der Neuen Welt. Die Konquistadoren gaben sich auch nicht damit zufrieden, die Fahne der spanischen Krone in den Boden der Neuen Welt zu rammen und die Götter der Ureinwohner gegen den einen Gott der römischen Kirche einzutauschen. Auch wenn die Azteken im Norden und die Inkas im Süden in den hellhäutigen Spaniern zunächst die Ankunft des göttlichen Erlösers vermuteten. Den Azteken galt die Ankunft der Mannen um Cortés als die geweissagte Wiederkehr des Gottes Quetzalcoátl, was ihren Herrscher Montezuma II. veranlaßte, sie willkommen zu heißen. Eine ähnlich lähmende Wirkung übte der Anblick der Spanier auf die Inkas aus, der sie an den Gott Viracocha erinnerte und den sie sich als Schöpfer der Zivilisation ebenfalls weiß und bärtig vorstellten.

Es war eine denkwürdige Begegnung, die am 8. November 1519 auf einer der Dammstraßen, die Tenochtitlán - das heutige Mexiko-Stadt - mit dem Festland verband, zwischen Montezuma II. und Hernán Cortés stattfand. Nicht nur trafen hier zwei Welten aufeinander, hier wurde auch die künftige Großmachtstellung Europas und das Schicksal Lateinamerikas entschieden. Ob nämlich die kulturelle Entwicklung von Mittel- und Südamerika weiterhin indianisch oder fortan europäisch bestimmt sein oder sich das Christentum zu einer Weltreligion mausern oder auf den europäisch-mediteranen Raum beschränkt bleiben sollte. Der Treueeid gegenüber Karl V., zu dem sich Montezuma schon nach wenigen Wochen bewegen ließ, besiegelte das indianische Schicksal. Die Begegnung der beiden Welten endete mit der Zerstörung der einen Welt.

Die Verehrung der Azteken schlug denn auch schnell in Zorn und Widerstand um, denn schon bald ließ Cortés ihren Herrscher gefangennehmen. Die Spanier zerstörten ihre Heiligtümer, die Azteken probten den Aufstand. Als Montezuma auf Veranlassung seiner Häscher seine Untertanen auch noch beruhigen sollte, traf ihn die ganze Verachtung seines Volkes. Von Steinen getroffen starb er am 30. Juni 1520.

Die Millionenreiche der Azteken und Inkas fielen den Hundertschaften der Spanier wahrscheinlich deshalb so schnell in die Hände, weil mit der Gefangennahme ihrer Herrscher jeweils das gesamte Reich unterworfen wurde. Die kleine adelige Elite war durch Vertreter der Kolonialmacht leicht zu ersetzen, die unteren Schichten waren unfähig, sich selbst zu verteidigen. Die Jahrhunderte lang geübte Disziplin, beruhend auf strenger Hierarchie und Unterwürfigkeit, scheint den Boden für eine Beherrschung von außen bereitet zu haben, wie auch der brasilianische Anthropologe und Kulturpolitiker Darcy Ribeiro in seinem Werk *Amerika und die Zivilisation* vermutet.

Dem Personenwechsel an der Spitze, der zu einer so raschen und tiefgreifenden Änderung der Gesellschaftsstrukturen führte, folgten weitere institutionelle und technische Neuerungen. Wie erwähnt, dezimierten Hungersnöte und Epidemien die Bevölkerung. Die einheimischen Arbeitskräfte wurden massenhaft für den Abbau von Gold und Silber mobilisiert. Die indianische Webkunst wurde durch Instrumente aus Eisen und durch Geräte mit Rädern modernisiert, die Töpferei durch die Töpferscheibe und das Transportwesen durch die Einführung des Rades verbessert, die Landwirtschaft wurde durch bisher unbekanntes Getier, neue Pflanzen und durch den Pflug umgekrempelt.

In der aztekischen Nahuatl-Sprache bedeutet Montezuma, eigentlich eine Verballhornung von Motecuhzoma, so viel wie "der zürnende Fürst", dessen Rache und Unerbittlichkeit seine Landsleute fürchteten. Nach dem Eindringen der Spanier mußte jeder Fremde, der das Land betrat und von seinen Früchten aß, mit der Rache des Aztekenherrschers rechnen. Heute, 500 Jahre nachdem der erste Spanier seinen Fuß auf den Boden Amerikas gesetzt hatte, scheint sich nicht nur die späte Rache Montezumas für den Untergang seines Reiches zu vollziehen, sondern auch die Saat von Cocas Fluch aufzugehen. Die Vollstrecker sitzen überall: auf den Haziendas und in den Gefängnissen Kolumbiens, auf den Kokaplantagen Boliviens und Perus, auf den Straßen, in den Bars und Schulen, sogar in den Banken und Unternehmen, im Justizapparat und in der Politik der Industrieländer. Ihre Waffe ist das Kokain.

Eine Legende der Kechúas-Indianer aus der Kolonialzeit nimmt diese Entwicklung vorweg. Der Sonnengott Inti schenkt den Indios das Kokablatt, um ihnen ihre Knechtschaft erträglich zu machen; den Konquistadoren aber soll die Droge Not und Unglück bringen. Ein alter, weiser Mann namens Kjana-Chuyma berichtet dem Volk von der Prophezeiung des Sonnengottes:

> "Aber wenn die weißen Unterdrücker es euch gleich tun wollen, so werden sich die guten Eigenschaften der Blätter in ihr Gegenteil verkehren: Die kleinen Blätter, die für euch Stärke und Überleben bedeuten, werden für sie zum Fluch. Ihr Gebrauch wird für eure Unterdrücker zur Schwäche und Sucht, die sie zerstören wird."

Längst geht es nicht mehr um Spanien allein. Denn nach kurzer Glanzzeit blieb es ein armes Land. Zu sehr fesselte der Reichtum das Schicksal Spaniens an seine Vergangenheit und versperrte ihm den frühen Eintritt in die neue Zeit. Die Kriege, die die iberischen Könige für die Macht am Tiber ausfochten mußten, haben dem Land schließlich kein Glück gebracht - nur Geldnot, wie anno 1492. Das übrige Europa industrialisierte sich schneller, zusammen mit Portugal schaffte Spanien das Kapital heran. In ihrem politischen Windschatten agierten schon damals multinationale Kompanien wie der größte Minen-, Fernhandels- und Reedereikonzern seiner Zeit, die Augsburger Welser Kompanie. Sie erhielt von Kaiser Karl V. die Statthalterschaft in Venezuela und damit das Privileg, Edelmetalle zu schürfen, zugesprochen. Im Jahre 1541 wurde beispielsweise der Reichsritter Philipp von Hutten als Generalkapitän höchster militärischer Befehlshaber der Provinz.

Gleichwohl spitzen lateinamerikanische Schriftsteller und Sozialwissenschaftler diese historische Analyse auf die Behauptung zu, daß Spanien die einzige Kolonialmacht Europas darstelle, die an ihren Kolonien zugrundegegangen sei. Sein Niedergang habe just in dem Augenblick eingesetzt, als es Angehörige anderer Völker wie Juden und Araber auszuweisen begann.

Lateinamerika trug in der Vergangenheit die Last der materiellen Hypotheken, die immateriellen wiegen indes schwerer, weil sie die Zukunft betreffen. Frank Niess zieht in seinem Kolumbus-Buch folgende Bilanz: Die Nachfahren der Konquistadoren hätten die Einwohner mit der Adelssucht infiziert, die manuelle Tätigkeiten als degoutant empfinden und das Handwerk gering schätzen ließ. Die Lateinamerikaner seien in wirtschaftliche Abhängigkeit geraten, "weil sich das stiefmütterliche Mutterland Spanien vor gut vierhundert Jahren aus der Schuldenfalle befreien wollte, in die es sich mit seinem monströsen, schier unbezahlbaren Verwaltungsapparat, der verschwenderischen, nomadisierenden Hofhaltung, mit der horrende Kosten verursachenden Präsenz in den Niederlanden, den aufwendigen Frankreichfeldzügen und dergleichen Großmacht-Eskapaden manövriert hatte. Die Lateinamerikaner (...) kommen heute nicht mehr aus der Schuldenfalle heraus, weil die ungerechten Strukturen von einst erhalten geblieben sind: die Monokulturen, die die Länder Mittelamerikas, die nicht umsonst Bananenrepubliken heißen, extrem verletzlich machen, und die *terms of trade*, die Schere zwischen Export- und Importgüterpreisen, die zu Lasten Lateinamerikas immer weiter auseinandergeht. Lateinamerika büßte und büßt noch immer bis in die sozioökonomischen Strukturen hinein für jene imperiale Politik, die keine solidere Basis hatte als die Idee der universalen Monarchie und der Einheit der Christenheit. Der Hunger in Lateinamerika ist der Preis für die Spätfolgen der Conquista."

Im Vergleich dazu muten Spaniens jüngste Versuche, ein halbes Jahrtausend nach Kolumbus' Mission durch die Expo '92 in Sevilla, die Olympischen Sommerspiele in Barcelona und die

Wahl Madrids zur Kulturhauptstadt Europas an die einstige Größe zu erinnern, wie ein postmodernes Zucken der Weltgeschichte an. Ob die Millionen von Besuchern dabei das wahre Spiegelbild der Welt von gestern, heute und morgen zu entdecken vermögen, ist mehr als fraglich. Die Anstrengungen Spaniens machen jedenfalls nichts gut, schmeicheln bestenfalls der nationalen Seele und wiegen vor allem die Staatengemeinschaft in trügerischer Sicherheit.

Das moderne Welt-System

Kolumbus' Entdeckungsfahrt steht am Anfang der größten Mission, die von Menschen je erdacht und vollbracht worden ist. Mit der Kolonialisierung Mittel- und Südamerikas - andere haben ähnliches in Afrika und Asien vollbracht - bereitete er den Weg zum modernen Welt-System, das seit dem frühen 16. Jahrhundert der Welt seinen Stempel aufdrückt.

Louis Blanc und Karl Marx war es vorbehalten, dieses System wegen seiner charakteristischen Organisation der Wirtschaft beim Namen zu nennen: Kapitalismus. Auch wenn sich Karl V., der als Enkel Maximilians I. 1516 den spanischen Thron bestiegen hatte, rühmen konnte, daß in seinem Reich die Sonne nicht untergehe, ist der Kapitalismus nicht mit einem *empire* zu verwechseln. Im Gegenteil, es handelt sich bei ihm um eine grenzüberschreitende Welt-Wirtschaft. In ihren Grenzen gibt es - damals wie heute - viele politische Systeme. Das kapitalistische System operiert allerdings innerhalb von räumlichen und zeitlichen Begrenzungen, die viel weiter gespannt sind, als politische Einheiten wie Staaten je kontrollieren könnten. Darin liegt seine Stärke - aber zugleich auch seine Schwäche, vielleicht sogar der Keim seines Untergangs.

Das moderne Welt-System ist durch eine weitreichende Arbeitsteilung, beruflich und geographisch, gekennzeichnet. Die Erledigung der verschiedenen Aufgaben der Wirtschaft - denken wir nur an die agrarische und industrielle Produktion, den Handel und die professionellen Dienstleistungen - ist nach Art und Umfang über die Welt unterschiedlich verteilt. Der Kapitalismus arbeitet nach dem Grundsatz, daß die zu Kapital geronnene Arbeit mehr wert und wirksamer ist als z.B. die rohe Arbeitskraft - mit der Folge, daß es Entwicklungsländer und entwickelte Länder gibt, deren Unterschiede - u.a. abzulesen an der geographischen Ungleichverteilung beruflicher Fähigkeiten - sich tendenziell selbst aufrechterhalten.

Mit anderen Worten: Diese Unterschiede bleiben bestehen, weil angesichts des Fehlens eines zentralen politischen Mechanismus es außerordentlich schwierig, wenn nicht gar unmöglich ist, Maßnahmen zu ergreifen, die die Ungleichverteilung von Strukturen und Erträgen wirksam und dauerhaft korrigieren könnten. So sind in Entwicklungsländern staatliche Einrichtungen typischerweise relativ schwach, in entwickelten Gesellschaften dagegen stärker ausgeprägt. Das moderne Welt-System, wie wir es seit fünf Jahrhunderten kennen, setzt geradezu die nationale Homogenität bei internationaler Heterogenität voraus. Es funktioniert nur, wenn es weder eine zentrale Welt-Regierung gibt noch einzelne Nationalstaaten gleich stark sind. Gleichstarke Staaten könnten den transnationalen Wirtschaftsablauf blockieren. Jeder Staat muß im Rahmen seiner kulturellen und ökologischen Möglichkeiten dafür sorgen, daß die kapitalistischen Spielregeln in Kraft bleiben und befolgt werden.

Das moderne Welt-System, gepaart mit den weltweit operierenden Drogen-Syndikaten, schafft neue internationale Ungleichheiten, auch wenn es deshalb die alten nicht beseitigt; es unterläuft außerordentlich wirksam die nationalen Regulierungsmöglichkeiten. Die kapitalistische Entwicklungslogik macht überdies das Risiko des modernen Welt-Systems zum Gegenstand des Profitstrebens. Die Zunahme von Zivilisationskrankheiten, die steigende Kriminalität und immer neue Umweltprobleme werden zur Wachstumsbedingung industrieller Produktion und staatlicher Institutionen, die für die Organisation von Gegenmaßnahmen zuständig sind. Auf diese Weise erzeugt das System systematisch Probleme, von deren Lösung ein zunehmender Teil der Bevölkerung lebt. Von der wirtschaftlichen Ausschlachtbarkeit der von dieser Gesellschaft selbst produzierten Risiken droht die Gefahr, daß der Antrieb zur Vermeidung dieser Risiken verloren geht. In gleichem Maße kommt dieser Gesellschaft der Bezug zur Sphäre der menschlichen Bedürfnisse abhanden: Sie wird zur Risikogesellschaft.

Die moderne, aufgeklärte, industrielle Gesellschaft ist von Anfang an ein riskantes Projekt gewesen, wie Gesellschaftstheoretiker wie R. Münch diagnostizieren. Der zivilisatorische Fortschritt wurde im Namen von Freiheit und Demokratie gefordert. Der Individualismus hat den Menschen vom Zwang der geschlossenen Gemeinschaft befreit, ihm die Welt geöffnet, mehr Entscheidungsfreiheit und individuelle Rechte gebracht, ihn aber zugleich neue Zwänge der Verrechtlichung, Vereinsamung und der zunehmenden Abhängigkeit von entfernten Vorgängen auferlegt. Dazu gehörten auch die rapid gestiegene Zahl von Straftaten im allgemeinen und der enorm angewachsene Drogenkonsum mit der einhergehenden Beschaffungs-, Begleit- und Folgekriminalität im besonderen.

Man fühlt sich unwillkürlich an die Galleria Vittorio Emanuelle II. in Mailand erinnert, die die Bürger in einer Inschrift dem König als Repräsentanten der Nation widmeten, der aber in der allegorischen Bildfolge im Inneren nicht mehr in Erscheinung trat. Dem erstarkten Bürgertum ging es um die Verherrlichung nicht nur der Tugenden von Produktion und Handwerk, sondern auch der Herrschaft des Handels, die weit über die Grenzen des nationalen Könighauses hinausreichte. Die nationale Politik als Gallionsfigur, die internationalen Drahtzieher als die Tonangebenden. Die globalen Drogendynastien verkehren auch den Spruch der multinationalen Konzerne in sein Gegenteil, daß alles, was für General Motors gut sei, auch für Amerika gut sein müsse: Was für die Nationen gut ist, muß noch lange nicht für die Drogensyndikate gut sein. Jedenfalls geht es letzteren um so besser, je mehr erstere mit Suchtgiften durchsetzt sind.

Dieses System geht so lange gut, wie diese Spielregeln von den dazu berufenen Personen und Institutionen in den einzelnen Staaten definiert und nach eigenem Gutdünken kontrolliert werden. Die Drogenmilliarden der Gangstersyndikate in aller Welt sind drauf und dran, dieses System zu zerstören und Kolumbus' Mission endgültig zunichte zu machen. Ob sie sich als moderne Rächer Cocas verstehen oder gar bewähren, mag dahingestellt bleiben.

Größenordnungen

Vor allem Geld regiert diese Welt, und im illegalen Kokainhandel steckt viel Geld. Die enormen Umsätze und Profite ergeben sich aus den im Drogengeschäft extrem hohen Gewinnspannen. Mitte der achtziger Jahre kostete nach Angaben des Bundeskriminalamtes ein Kilogramm Kokain in Kolumbien zehn- bis zwanzigtausend Mark. Für das gleiche Kilo zahlte der europäische Großdealer aber schon 100.000 bis 250.000 DM. Für den Straßenhandel gestreckt und portioniert in Grammengen steigerte sich der Wert des Kokains nochmals um das Vierfache - auf satte 400.000 bis 1,000.000 DM.

Drogensyndikate haben längst die Spitze des Big Business erklommen. Weltweit setzen sie jährlich fast 800 Milliarden Mark um - nicht viel weniger als das Volumen der beiden Staatshaushalte von Deutschland und Frankreich zusammen. Sie machen mehr Gewinn als die größten Konzerne. Im Jahre 1990 wurden, so schätzt man, von den Drogenbanden rund 500 Milliarden Mark an Gewinn eingefahren - nach Abzug der Kosten für den Rohstoff, die Herstellung, den Vertrieb, das Personal und die Bestechung! Die 100 größten Konzerne der Welt weisen in ihrer Gewinn- und Verlustrechnung wenig mehr als ein Drittel dieses Drogengewinns aus. Es ist kaum vorstellbar, daß die Umsätze der Drogensyndikate die des internationalen Erdölhandels übertreffen. Die großen Kartelle und die kleinen Schieberbanden beschäftigen zusammen inzwischen in jedem westlichen Industrieland mehr Menschen als der jeweils größte Konzern dieser Länder.

Nach Schätzungen des Bundeskriminalamtes bewegt sich allein in Deutschland der Jahresumsatz des organisierten Verbrechens, in dem der Drogenhandel mit fünf Milliarden Mark eine immer wichtigere Rolle spielt, zwischen 50 und 100 Milliarden DM, was nicht weniger als dem Jahresumsatz der Konzernriesen Siemens und Bayer entspricht. Allein die Süchtigen der Rhein-Main-Metropole Frankfurt verbrauchen täglich für 800.000 bis 2,000.000 Mark Stoff. Woher kommt das Geld? Zunächst aus den Geldbeuteln von Tausenden von Drogenkonsumenten, die sich das Geld oft auf illegale Art beschaffen müssen. Laut einer Studie von Arthur Kreuzer und Mitarbeiter begeht jeder Süchtige pro Tag vier Straftaten, wobei "alltagsbestimmend Delikte mit Bagatellcharakter wie kleine Drogenschäfte, Ladendiebstähle und 'Schwarzfahren' sind". Dennoch ist der durch die Beschaffungskriminalität verursachte volkswirtschaftliche Schaden immens. Die Wissenschaftler gehen davon aus, daß 37 % der Gebäude- und Wohnungseinbrüche, über 40 % der Kfz-Delikte und 20 % der Raubdelikte auf das Konto der Drogenabhängigen geht. Als weitere Geldquelle dient die Prostitution.

In den USA sitzen wegen Drogendelikten bereits 900.000 Personen hinter Gittern. Die sozialen und finanziellen Kosten steigen ins Unermeßliche, wenn man bedenkt, daß inzwischen mehr Amerikaner an den Folgen von Rauschgiftkonsum gestorben sind als US-Soldaten in irgendeinem Krieg seit 1945. Inzwischen kommen jedes Jahr zigtausend crackgeschädigte Babys hinzu. Auch in Deutschland purzeln Jahr für Jahr die traurigen Rekorde - 1992 registrierte man über 2.000 Drogentote. Harte Drogen konsumieren inzwischen hierzulande rund 120.000. Versorgt werden die Abhängigen landesweit von zigtausenden Klein- und Großdealern. "Deutschland ist unter die Räuber gefallen", heißt es in einem Bericht des *Spiegel* (Nr. 9/1992). Wie wahr, und das in einem doppelten Sinne: Immer mehr Junkies werden zu Kriminellen, um ihre Sucht zu finanzieren; immer mehr Drogengelder strömen durch dunkle Kanäle aus Südamerika, der Türkei, Italien und den USA zur Geldwäsche und Reinvestition ins Land. Bei der Geldwäsche, so Tom Cash, Drogenagent in Florida, "sitzen die Deutschen in der ersten Reihe".

Vom gesamten Drogengeschäft entfällt auf den Kokainmarkt etwa ein Drittel. Amerikanischen Schätzungen zufolge setzen die Dealer allein im US-Kokaingeschäft jährlich fast 100 Milliarden Dollar um. Dem Kokain kommt aus vielerlei Gründen eine besondere, entscheidende Bedeutung im internationalen Drogengeschäft zu. Erstens kommt der Kontrolle über die Kokainproduktion und den Kokainhandel so etwas wie eine Hausmachtfunktion zu, die noch vor nicht allzu langer Zeit die drei Wirtschaftsimperien von Pablo Escobar, des Ochoa-Clans und des Gacha-Clans zum mächtigsten Drogenkartell der Welt, dem Medellín-Kartell, gemacht hat. Zweitens ist kein Kontinent dieser Erde so sehr von den Einnahmen aus dem Kokaingeschäft abhängig wie Lateinamerika, allen voran die Länder Bolivien, Peru und Kolumbien. Drittens ist Kokain in Europa zwar noch nicht zur Straßendroge Nummer eins avanciert, bedient also vornehmlich (noch) die besseren Kreise der Gesellschaft - mit Crack als Billigvariante in der Hinterhand, um auch flächendeckenden Bedarf zu befriedigen.

Fluch der bösen Tat?

"Je mehr der Kokain-Handel zunimmt, desto häufiger werden deutsche Banken mit schmutzigem Geld zu tun haben", meinte unlängst der amerikanische Drogenfahnder Gregory Passic in einem *Spiegel*-Interview. Rund um den Erdball häufen Klein- und Großdealer ganze Geldberge von vielen tausend Tonnen Gewicht an, die des Abtransports in die Geldwäschereien bedürfen. Stellenweise werden die Einnahmen der Kartelle gar nicht mehr gezählt, von Hand schon gar nicht und die Geldzählmaschinen sind vor dem Heißlaufen nicht gefeit. Dann wird gewogen, ein Dollarschein wiegt ein Gramm.

Geldwäsche heißt, seine Herkunft verschleiern, um es als "sauberes Geld" in die legale Wirtschaft einsickern zu lassen. So sehr Geld der Lebenssaft der Drogenhändler ist, so wenig ist seine Säuberung ohne die Banken zu bewerkstelligen. Aus der Erkenntnis, daß nur der Zugriff der Gangster auf das Geld sie am Leben erhält, sind die USA mit gutem Beispiel vorangegangen und haben Gesetze erlassen, die Banken, Unternehmen, Rechtsanwälte und Steuerberater zu einer engen Kooperation mit den Behörden beim Aufspüren des schmutzigen Geldes verpflichten. Die meisten EG-Länder und sogar die Schweiz sind, wenn auch weniger rigoros, den Amerikanern gefolgt. Nur in Deutschland war die Einfuhr und das Waschen von illegal erworbenem Geld bis vor kurzem nicht strafbar. Ganz offen warf man den Deutschen vor, daß die Bundesrepublik das einzige Land Europas sei, wo kolumbianisches Mafia-Geld nicht beschlagnahmt würde.

Die Banken befürchteten eine starke Reglementierung ihrer Geschäfte, zu eng und undurchsichtig ist der mögliche Zusammenhang von Geldwäsche und Investitionen, von Geldanlagen und Steuerbetrug. Sie beriefen sich sogar auf die Verfassung, deren Väter einen Kontrollstaat nicht gewollt hätten. Es war freilich nicht nur das Banksystem, das Geld zur Wäsche anlockte, auch die stabile D-Mark, die Unübersichtlichkeit und der potentielle Markt in den neuen Bundesländern und in Osteuropa taten und tun ein übriges.

Mit dem neuen Geldwäschegesetz versucht die Bundesregierung, die Einfuhr und das Waschen von Drogengeldern zu unterbinden. Zukünftig sind alle Finanztransaktionen über 20.000 Mark meldepflichtig. Besteht darüber hinaus der Verdacht, das Geld stamme aus kriminellen Aktivitäten, ist die Staatsanwaltschaft einzuschalten.

Dennoch: Der legale Weg in die Wirtschaft ist zur zweiten Stufe des Verbrechens geworden. Dieser Weg kann erst begangen werden, wenn die Geldwäsche, die erste Stufe, erfolgreich ist. An dieser Stelle wird die Unterwelt zur Oberwelt und entscheidet über die weitere Verwendung der Gelder. Man kauft sich gezielt in Firmen ein, auch in solche, die dem Aufbau einer eigenen Infrastruktur dienen: Immobilien, Touristikunternehmen, Hotels, Discos, Chemiefirmen, Transportunternehmen. Sie alle helfen bei der Herstellung oder beim Vertrieb der Produkte. Manche Städte wie Miami verzeichnen einen regelrechten Drogenboom, wenn mit gewaschenen Geldern eine neue Skyline hochgezogen wird, Hotels errichtet und Fernsehanstalten gegründet werden. Auch bei uns scheint es nach dem Motto zu laufen: Verfallen immer mehr Kinder und Jugendliche dem Rauschgift, hat die (Drogen-) Wirtschaft Konjunktur.

Die Drogensyndikate sind zu einem Staat im Staate geworden. Viele Branchen wären dem Untergang geweiht, so manche Volkswirtschaft dem Kollaps nahe, wenn man ihnen die Drogenmilliarden plötzlich entzöge. Wer weiß, wieviele Staatsanleihen das organisierte Verbrechen in Italien schon erworben und so zur Stützung der Lira beigetragen hat. In Lateinamerika sind die Verbindungen zwischen Banken, Unternehmen und Drogen-Kartellen noch enger. Oft genug werden die Geschäfte nach der Devise "Geld oder Blei" abgewickelt. Mafia-Familien wie die Cuntreras und Caruanas heiraten sogar untereinander, um ihren Wirkungskreis ähnlich einer Krake sowohl regional als auch branchenbezogen stetig ausdehnen zu können.

Das Medellín-Kartell soll dem kolumbianischen Staat sogar angeboten haben, die gesamten Auslandsschulden in Höhe von 17 Milliarden Dollar zu begleichen. Kein Wunder, daß die Drogen-Mafiosi bereits als *Robin Hoods* Kolumbiens bezeichnet werden. Auch der Bolivianer Roberto Suarez Gomez offerierte, wie einem Bericht des Drogenforschers Thamm von Mitte der achtziger Jahre zu entnehmen ist, der armen Regierung seines Landes einen Milliarden-Kredit und der reichen Reagan-Regierung gar seine Auslieferung. Allerdings, wie es sich für einen Patrioten gehört, unter der Bedingung, daß die Amerikaner die Auslandsschulden Boliviens in Höhe von vier Milliarden Dollar übernehmen. Schließlich ging Carlos Lemon Lehder Riveras Volksverbundenheit in Kolumbien so weit, daß er Fußballklubs und Krankenanstalten unterstützte und im TV Columbia bei Bedarf Sendezeit für seine politische Partei beanspruchte, um den "Imperialismus in die Schranken zu verweisen". Er sprach aus, woran andere nicht zu denken wagen: "Kokain ist die Atombombe Lateinamerikas."

Diese Beispiele zeigen, daß es immer auch um politischen Einfluß geht. Nicht so sehr im Tagesgeschäft, als vielmehr auf der großen Linie. Erst wenn der Einfluß bis in die Chefetagen und Aktionärsversammlungen der großen Firmen sowie in die Parlamente und Behörden eines Staates reicht, können die Karten mit den alten Spielregeln des modernen Welt-Systems neu gemischt werden. Dabei verändern sich nicht nur die Wirtschaftsstrukturen. Die Drogenbosse scheinen es Rudi Dutschke gleichzutun, der seine Mitstreiter in der 68er Generation aufrief, mit ihm den langen Marsch durch die Institutionen anzutreten. Während er scheiterte, sitzen sie noch lange nicht auf dem kürzeren Ast. Wo Geld keine Rolle mehr spielt, stellt sich in der Tat die Machtfrage, wie es der bayrische Umweltminister Peter Gauweiler unlängst pointiert ausdrückte. Das Netzwerk grenzüberschreitend arbeitender Drogensyndikate scheint mit den Prinzipien der Welt-Wirtschaft besser zurechtzukommen als die politischen Instanzen und Ermittler der Nationalstaaten.

Es könnte daher nichts illusionärer sein, als auf die integrierende Macht der Europäischen Gemeinschaft zu hoffen, und nichts gefährlicher, als die europäische Einigung vorwiegend unter wirtschaftlichen Gesichtspunkten zu betrachten. Mit der Einführung des EG-Binnenmarktes entsteht ein wirtschaftlicher Moloch, der, wie Richard Münch treffend ausführt, "von einem politischen Zwerg unter Kontrolle gehalten wird". Der Entmachtung der nationalen Politik folge keine europäische Gemeinschaft, die mit den wachsenden Aufgaben tatsächlich fertig werde und wirklich an Macht gewinne.

In einem scheinen sich Entwicklungsländer und Drogenproduzenten auf der einen und viele Industrie- und Drogenimportländer auf der anderen Seite einig zu sein: Die Kosten für die grundlegende Änderung der Bedingungen, unter denen das weltweite Geschäft mit den Drogen floriert, sind (noch) zu hoch. Weder können Bolivien, Peru und Kolumbien auf den einträglichen Drogenhandel noch wollen die maßgeblichen Institutionen z.B. der Bundesrepublik Deutschland auf die Vorteile der Drogenmilliarden, eines unreglementierten Banksystems und eines weiterbestehenden Verbotes jedes Drogenkonsums verzichten.

In eine syndikatisierte Zukunft?

Seit Jahrtausenden ringen Gesellschaften mit dem Problem, wie sie am besten Rausch und Realität miteinander in Einklang bringen können. Jede Gesellschaft hat zu allen Zeiten jene Rauschmittel verboten, die sie als gefährlich oder aus irgendwelchen Gründen als kontraproduktiv ansah. Gesetze besagen nur, was in einem bestimmten Land, in einer gegebenen Kultur, als wichtig und was als unwichtig angesehen wird. Das mag für die einen bigott und für die anderen heilig sein. Eine Gleichbehandlung aller Drogen hat es ebensowenig gegeben wie eine drogenfreie Gesellschaft. Unser schnellebiges Jahrhundert ist da keine Ausnahme, auch wenn in ihm der schnelle Rausch - und damit bestimmte Drogen - eine besondere Bedeutung erlangt haben. So wie auf die genüßliche Pfeife die hektische Zigarette, auf den sanften Wein der harte Branntwein folgte, so zog das träge Opium das rasante Morphium und das epidemische Heroin nach sich. In ähnlicher Weise haben die harmlosen Kokablätter im Kokain eine Steigerung und in Crack den vorläufigen Gipfel der ersehnten Bewußtseinsveränderung erreicht.

Der Aufwand, der erforderlich ist, um die Moral einer Gesellschaft zu ändern, gehört ebenso zu den Transaktionskosten wie die Anstrengungen, derer es bedarf, um die Spielregeln der Welt-Wirtschaft zu ändern. Die Legalisierung des Drogenanbaus und die Freigabe des Handels, die zusammen der Mafia die Geschäftsgrundlage vielleicht entziehen könnten, lassen offenbar höhere Transaktionskosten erwarten als die Beibehaltung des Status quo - nicht zuletzt bei den Produzenten, den Importländern und den Drogenbossen selbst. Auch mit der Freigabe des Handels der einen oder anderen Droge können die Importländer einem Dilemma nicht entrinnen: Weil die Steigerung einer Bedürfnisbefriedigung immer einen Ausgangspunkt - lies: eine Einstiegsdroge - hat, bleibt der Ausgangspunkt problematisch.

Die Geschichte der Rauschmittel lehrt, daß hinter jeder freigegebenen Droge schon die nächste, unbekannte wartet - mit der Folge, daß auch sie gesellschaftlich Karriere machen wird, und daß auch sie bei den Konsumenten eine Verhaltensänderung, eine Art von Abhängigkeit, wie sie praktisch alle Drogen nach sich ziehen, bewirken wird.

Eine drogenfreie Gesellschaft hat es nie gegeben, weder im alten Ägypten, wie gerade jüngste archäologische Funde beweisen, noch im Mittelalter und schon gar nicht in der Gegenwart. Andererseits muß die bisherige Drogenpolitik - angesichts von mehr als 2000 Drogentoten, einer steigenden Zahl von Erstkonsumenten, der aussichtslosen Jagd auf Dealer, einer wenig wirksamen Strafpraxis und der unzureichenden Therapieeinrichtungen - als gescheitert angesehen werden. Mehr noch, die deutsche Drogenpolitik ist in Gefahr, zu einem parteipolitischen Zankapfel und zur bloßen Administration des Leidens zu werden. Eine Beibehaltung des Status quo ist aus volkswirtschaftlichen, sicherheits- und gesellschaftspolitischen Gründen nicht wünschenswert.

Es kann nicht gut gehen, wenn das Recht, das die Grenzen des eigenen Tuns definiert, ständig vorgeführt wird als etwas, das man selbst bestimmen und zum eigenen Nutzen auslegen kann. Wo die Verbindlichkeit des Rechts mißachtet wird, ist der Schritt zur Menschenverachtung nicht weit, wie unlängst der Gießener Politologe Claus Leggewie in einer Studie über die Wurzeln der rechtsextremen Gewalt überzeugend dargelegt hat.

Die krakenhafte Ausbreitung des organisierten Verbrechens, die wachsende Beschaffungskriminalität sowie die zunehmende Verelendung des Drogenproletariats zwingen zu drastischen und unkonventionellen Maßnahmen. Deshalb gilt es, den Teufelskreis von Drogenherstellung und Drogenhandel, von Sucht und Finanzierung zu durchbrechen.

Wie wir gesehen haben, kann dies nur im Weltmaßstab, eingedenk der geschichtlichen Dimensionen, erfolgen. Für die Betroffenen fürwahr ein schwacher Trost. "Auf lange Sicht sind wir alle tot", sagte schon der berühmte englische Nationalökonom John Maynard Keynes. Es muß daher langfristig gehandelt und kurzfristig geholfen werden. Unter welchem Druck die Verantwortlichen mittlerweile auch in Deutschland stehen, verdeutlichen die für die einheimische Drogenpolitik geradezu revolutionären Vorschläge namhafter Politiker, Juristen und Wissenschaftler. Laut denkt man darüber nach, harte Drogen wie Heroin und Kokain staatlich kontrolliert an Süchtige abzugeben. Daneben wird erwogen, den Erwerb und Besitz geringer Drogenmengen zum Eigenverbrauch nicht mehr unter Strafe zu stellen sowie den Marihuana- und Haschischgebrauch zu legalisieren.

Ob jedoch eine Legalisierung weicher Drogen sowie die staatlich kontrollierte Abgabe harter Drogen an Süchtige den Ausweg aus der Misere darstellen, muß dahingestellt bleiben. Die Analyse bisheriger Legalisierungsversuche in anderen Ländern hinterläßt oft Irritationen und Widersprüche. So glaubt der bekannte Journalist und Kriminalitätsexperte Dagobert Lindlau, daß die liberale Drogenpolitik in den Niederlanden und in Schweden dem organisierten Verbrechen weder geschadet noch verhindert habe, daß neue Schwarzmärkte entstanden seien. Legalisierung könne immer nur begrenzt sein, weil einige Bevölkerungsgruppen (z.B. Kinder) davon ausgenommen werden müßten. Gerade das holländische Experiment sollte nach Aussage Lindlaus zu denken geben, sei doch mit der Freigabe weicher Drogen, deren Preis kaum gefallen ist, die Zahl der Drogenkonsumenten gestiegen.

Wissenschaftliche Untersuchungen kommen z. T. zu anderen Ergebnissen. Es wird angeführt, daß durch die Entkriminalisierung die Zahl der Cannabiskonsumenten nicht gestiegen, sondern gesunken sei. Gleiches stellte man bei den Heroinkonsumenten fest.

Auch hier sei die Konsumentenzahl merklich zurückgegangen. Vervollständigt wird die positive Bestandsaufname mit der Anmerkung, daß in unserem Nachbarstaat wesentlich weniger Todesfälle durch Überdosierung zu verzeichnen seien als in anderen Ländern.

Zurückhaltender und differenzierter äußert sich Karl-Heinz Reuband in seiner 1992 erschienenen Studie *Drogenkonsum und Drogenpolitik: Deutschland und die Niederlande im Vergleich.* Er resümiert:

> "Die von uns vorgenommene Bestandsaufnahme erbrachte - anders als vermutet - eine weitgehende Übereinstimmung zwischen der Bundesrepublik und den Niederlanden, nicht nur in der Prävalenz des Cannabisgebrauchs, sondern auch in der Art des Drogentrends seit Ende der 60er Jahre. Im Gegensatz zu herkömmlichen Annahmen über die Auswirkungen hoher Drogenverfügbarkeit gibt es keine Hinweise für unterschiedliche Wege des Einstiegs in den Drogengebrauch. Die Existenz von Hausdealern in Jugendzentren und Coffeeshops in den Niederlanden scheint nicht den Einstieg in den Drogengebrauch an diesen Orten zu begünstigen. Ebenso wenig gibt es Hinweise für ein unterschiedliches Alter beim Erstgebrauch. Die Umsteigequote von Haschisch auf Heroin ist weitgehend gleich. Schätzungen erbringen ähnliche Zahlen hinsichtlich der relativen Verbreitung des Konsums harter Drogen und von Drogenabhängigen in der Bevölkerung.
>
> Wenn aber gilt, daß selbst in einem Land, wo Drogen nicht nur de facto legal sind, sondern auch die *Verfügbarkeit* von Cannabis hoch ist, sich der Dro-

gengebrauch nicht von Ländern mit eher repressiver Drogenpolitik unterscheidet, dann bedeutet dies: Es ist unwahrscheinlich, daß - bei konstanten sozialen und kulturellen Rahmenbedingungen - bereits eine bloße Entkriminalisierung des Cannabisgebrauchs (etwa eine Herabstufung des Delikts zur Ordnungswidrigkeit) zu einem Anstieg des Cannabisgebrauchs führen würde. Daß unter konstanten Rahmenbedingungen Änderungen in der Gesetzgebung und Praxis die Entkriminalisierung nicht zu einem Anstieg des Drogengebrauchs oder zu einer veränderten Wahrnehmung der Gesundheitsgefahren führt, deuten auch die Erfahrungen in den USA an, wo im Verlauf der 70er Jahre mehrere Staaten eine Entkriminalisierung des Cannabisgebrauchs bis hin zur Herabstufung als Ordnungswidrigkeit vornahmen. Und daß das Strafrecht nicht notwendigerweise eine abschreckende Wirkung hat, vielmehr die moralische Beurteilung des Verhaltens durch den Akteur und seine Umwelt weitaus entscheidender ist, hat sich in einer Vielzahl in- und ausländischer Studien gezeigt. Ähnliches dürfte im Fall des Drogengebrauchs gelten.

Gemeinsamkeiten statt Unterschiede kennzeichnen nicht nur die Situation des weichen, sondern ebenfalls des harten Drogenkonsums in der Bundesrepublik und den Niederlanden. Bezüglich der HIV-Verbreitung unter den intravenösen Drogenabhängigen wie auch in der Verbreitung von Kriminalität und Prostitution unterscheiden sich die Konsumenten in beiden Ländern nicht grundsätzlich voneinander. Wo sich Unterschiede in größerem Stil ergeben - so vor allem hinsichtlich der Drogenmortalität

- hat dies vermutlich weniger mit der Drogenpolitik als mit den jeweils üblichen Konsummustern zu tun (in den Niederlanden ist das Rauchen von Heroin wesentlich verbreiteter als in der Bundesrepublik, d. Verf.)."

Ob bei einer teilweisen oder vollständigen Legalisierung von Heroin und Kokain die Zahl der Konsumenten steigen, fallen oder stabil bleiben wird, läßt sich nicht mit Bestimmtheit sagen. Immerhin verdreifachte sich die Zahl der Erstkonsumenten harter Drogen in der Bundesrepublik zwischen 1982 und 1992, nämlich von 4.506 auf 14.346 (auch wenn sich die statistische Erfassungsgrundlage zwischenzeitlich geändert hat). In der deutschen Bevölkerung ist die Akzeptanz einer Liberalisierung der Drogenpolitik allerdings gering. In einer repräsentativen Umfrage des Allensbacher Instituts für Demoskopie von Anfang 1993 sprachen sich 76 % gegen jede Toleranz gegenüber dem Konsum illegaler Drogen aus.

"Hard Drugs, Hard Choices"

Das Problem ist zu ernst, als daß seine Lösung "gesundem Volksempfinden" oder der schematischen Spiegelfechterei mancher Sozialwissenschaftler bzw. Politiker überlassen werden könnte: ob nämlich der Großteil der von Drogen angerichtete Schaden nicht von deren Konsum, als vielmehr vom Verbot des Konsums herrühre, wie die Vertreter der Pro-Legalisierungsthese behaupten; oder ob die Befürworter der Freigabe die potentiellen Kosten unterschätzten und den potentiellen Nutzen überschätzten, wie die Vertreter der Contra-These nicht müde werden zu kritisieren.

Angesichts der hohen Dunkelziffer von Drogenkonsumenten und der Unsicherheit der Wirksamkeit therapeutischer und rechtspolitischer Maßnahmen sind aussagekräftige Beweise für die eine oder andere These Mangelware. Um so mehr blüht häufig im Schatten der wissenschaftlichen Spekulation der politische Starrsinn und im Schutze der szenischen Gemeinschaft die individuelle Borniertheit - mit dem Drogenhandel als lachendem Dritten.

Wir wollen deshalb nur die wichtigsten Argumente *pro* und *contra* zusammenstellen, ohne sie weder im einzelnen noch insgesamt zu bewerten. Neben der einschlägigen Literatur zur Drogenpolitik berufen wir uns auf die Zeitschrift *Dialogue*, in der diese Debatte zwischen den Drogenexperten Doug Bandow und Elliot Currie unter der bezeichnenden Überschrift *Hard drugs, hard choices* unlängst ausgetragen wurde.

Für die Freigabe werden gewöhnlich drei Gruppen von Argumenten ins Feld geführt:

Erstens, rechtliche Sanktionen gegen den Drogenkonsum seien schlecht, weil sie (1) die Freiheit von Erwachsenen beschränkten, wo andere nicht direkt geschädigt würden; (2) den Drogenkonsum nicht reduzierten; (3) die Gefahren des Drogenkonsums erhöhten; (4) eine Untergrundökonomie, insbesondere für Kinder und Jugendliche, schafften; und (5) Eigentums- und Personendelikte verursachten durch einen schwarzen Markt von einander bekriegenden Anbietern, die inflationierte Preise kassierten und teilweise selbst stehlen müßten, um ihren Drogenkonsum zu finanzieren.

Zweitens habe die Legalisierung positive Wirkungen, weil sie (1) die Ausgaben für Polizei und Justiz, (2) die Zahl der Verhaftungen und der Todesfälle, (3) die Versuchung für Kinder und Jugendliche sowie (4) die Verbrechensrate reduzierte; und (5) den Drogenkonsum infolge vermehrten Experimentierens nur leicht ansteigen ließe.

Daraus ergebe sich *drittens* eine der Situation angepaßte Strategie abgestufter Grade von Legalisierung - von weniger gefährlichen Drogen und deren Entkriminalisierung, über die kontrollierte Abgabe durch Ärzte und den behördlichen Verkauf, bis hin zum allgemeinen Verkauf mit oder ohne Restriktionen (z.B. für Kinder).

Die *Gegen*argumente lassen sich in sieben Argumenten zusammenfassen:

Erstens, die Legalisierung erhöhe die Verfügbarkeit und den Konsum von Drogen.

Sie habe, *zweitens*, verheerende Auswirkungen bei denjenigen, die sich am allerwenigsten selbst helfen könnten.

Drittens, der Glaube, die Kosten der Drogenmalaise stammten vom Verbot der Drogen, sei naiv; um diese Naivität zu entlarven, genüge ein Blick (1) auf die Wirkungen des Drogenkonsums in städtischen Slums, wo die Behandlung und Aufklärung von Arbeitslosen und Armen die geringsten Erfolge zeigten; (2) auf die Zahl der Todesfälle und die manigfachen Gesundheitsprobleme als Folge des Drogenkonsums; (3) auf die Vernachlässigung der Kinder; (4) auf den mit Drogenkonsum häufig einhergehenden Verlust des Arbeitsplatzes; (5) auf die daraus resultierende Demoralisierung; (6) auf das Entstehen immer neuer Drogenindustrien; (7) auf das Ansteigen der individuellen und öffentlichen Aufwendungen für das Gesundheitswesen; und (8) auf eine mögliche Besteuerung der Drogen, die nur dazu beitragen würde, einen schwarzen Markt für billige Drogen zu etablieren.

Viertens verwechselten die Befürworter die vermeintlichen Wirkungen der Kriminalisierung durch Drogen mit den tatsächlichen Wirkungen der sozialen Verelendung.

Die Kosten, die durch die Legalisierung bzw. das Verbot entstünden, hingen, *fünftens*, vom gesellschaftlichen Kontext ab, wie das Beispiel Schwedens zeigt, wo es im Vergleich mit den USA weniger arme Kinder gebe.

Sechstens gerieten durch die Drogenfreigabe Regulierung und Ursachen des Drogenmißbrauchs aus dem Blick.

Schließlich bestehe, *siebtens*, die Gefahr, daß mit der Freigabe der Drogen auch die Begleiterscheinungen der Drogenszene, insbesondere das Geschäft mit der Sucht, eine moralische Rechtfertigung erführen, ganz abgesehen von der zweifelhaften Botschaft, die Droge auf dem Servierteller sei mit einer Tasse Kaffee gleichzusetzen.

Trotz aller drogenpolitischer Kontroversen sollten im Umgang mit Süchtigen Entkriminalisierung und Therapie im Vordergrund stehen. Niedrigschwellige und akzeptierende Drogenarbeit weist kurzfristig den richtigen Weg. Auch die staatlich kontrollierte Abgabe harter Drogen an Abhängige (wie z.B. von den Drogenmetropolen Hamburg und Frankfurt offiziell gefordert) sollte ernsthaft überdacht und nicht von vornherein verdammt werden. Wie problematisch jedoch die totale Freigabe von harten Drogen ist, beweist aber letztlich die Tatsache, wie wenig es unsere Gesellschaft bis heute verstanden hat, mit ihren *legalen* Drogen sinnvoll umzugehen. 800.000 Medikamentensüchtige und rund 2 Millionen Alkoholabhängige allein in der Bundesrepublik sprechen eine deutliche Sprache. Denn es gibt kaum einen Drogensüchtigen, der nicht mit legalen Drogen angefangen hat. Hinzu kommt, daß die neue Generation von Designerdrogen mit ihrem ungeheueren Wirkungs- und Suchtpotential einen ungefährlichen Drogengebrauch geradezu unmöglich macht.

Patentlösungen haben auch wir nicht anzubieten. Weder Staat

noch Markt ist die Lösung in diesem Dschungel von Verstrickungen und Verpflechtungen. Zwischen staatlicher Kontrolle der Rauschgiftmittel und marktwirtschaftlicher Regelung über den Preis steht immer der Einzelne - als Rauschgiftsüchtiger oder Dealer, Kokaanbauer oder Drogenboß - mit seinen Motiven und Werthaltungen, aus denen er Sinn für sein Leben schöpft. Das gilt auch für das umstrittene Methadon-Programm, dessen Hauptvorteile seine Befürworter darin sehen, (1) den Süchtigen die Chance zu geben, aus dem Teufelskreis von Konsum, Beschaffungskriminalität und sozialer Isolation auszubrechen; (2) dem illegalen Drogenmarkt die Geschäftsgrundlage zu entziehen; (3) die volkswirtschaftlichen Schäden zu senken sowie die Einsparungen für Therapieprogramme zu Hause und Entwicklungsprogramme in den Drogenanbauländern zu verwenden; und (4) die Ausbreitung der Immunschwäche Aids über die Rauschgiftszene einzudämmen.

Methadon ist ein synthetisches Opiat und dient der Medizin als Schmerzmittel. In Deutschland wird es unter dem Markennamen L-Polamidon vertrieben, das im Gegensatz zu dem im Ausland gebräuchlichen Methadon in seiner Wirkung doppelt so stark ist. Methodon wird oral eingenommen, wobei die bei der Substitution verwandten Dosen zwischen 20 und 75 mg pro Tag liegen. Im Gegensatz zum Heroin verfügt Methadon über eine wesentlich längere Wirkungsdauer (zum Vergleich: Methadon wirkt ca. 24 Stunden, Heroin ganze 6 Stunden), jedoch bleibt bei der Einnahme von Methadon der von den Heroinkonsumenten erwünschte *Kick* aus. Als Nebenwirkungen von Methadon sind Stuhlverstopfung, Schwitzen, Schlafstörungen und ein vermindertes sexuelles Lustempfinden bekannt. Vergiftungs- und Überdosierungssymptome können bei zusätzlichem Gebrauch von Medikamenten, Alkohol und Heroin auftreten.

In- und ausländische Studien haben bewiesen, daß die Substitution von herkömmlichem Rauschgift durch Methadon dazu beitragen kann, die gesundheitliche, wirtschaftliche und soziale Lage der Betroffenen zu verbessern. Gerade im Hinblick auf die Entkriminalisierung der Konsumenten, ihre Wiedereingliederung in die Gesellschaft und die Verbesserung ihrer Lebenssituation sowie die Aids-Prophylaxe zeigt die Behandlung mit Methadon einen gangbaren Weg auf. Verschwiegen werden sollte dennoch nicht, daß einige Untersuchungen hinsichtlich der Substitution mit Methadon zu negativen Ergebnissen kommen. Arthur Kreuzer und seine Mitarbeiter kennen die Gründe:

> "Der Grund für diese unterschiedlichen Befunde dürfte zum einen darin liegen, daß Methadon-Erhaltungsprogramme sehr unterschiedlich ausgestaltet sind (unterschiedliche Aufnahmekriterien, Kontrollmechanismen und psychosoziale Betreuung, d. Verf.), so daß außer der regelmäßigen Verabreichung von Methadon kaum Übereinstimmungen zu finden sind. Zum anderen ist zu beachten, daß es sich bei der Begleitforschung häufig um programminterne Evaluationen handelt. Das Bedürfnis der Selbsterhaltung dürfte einen nicht unerheblichen Einfluß auf die Art der Datenerhebung haben. Besonders die Tatsache, daß sowohl Fragender als auch Befragter ein Interesse am Erfolg des Programms haben, dürfte Wirkungen bezüglich des Frage- und Antwortverhaltens entfalten. Solche Schlagseitigkeit der Methode und Interessenlage übergeht mitunter für Erfolgsbeurteilungen entscheidende Selektionen der Population in entsprechenden Programmen."

Ob jemals der Kampf gegen die Drogensucht gewonnen werden kann, ist zweifelhaft. Realistisch kann es nur darum gehen, Auswüchse einzudämmen, die unser Gesellschaftssystem destabilisieren und unzählige Familien und Individuen ruinieren. Und das kann wiederum nur heißen: den Drogenhandel unrentabel machen. Es ist aber zu befürchten, daß die Konstruktion unseres freiheitlichen Gesellschaftssystems und das Funktionieren des wirtschaftlichen Welt-Systems eher dazu beitragen werden, die Drogenrendite zu erhöhen und damit das Drogenproblem zu verschärfen. Umstritten bleiben therapeutische Maßnahmen wie das Methadon-Programm allemal, weil sich der Normalbürger an das fatale Prinzip erinnert fühlt, den Teufel mit Beelzebub auszutreiben. Unter den Experten geht es aber längst nicht mehr um das *Ob* von Methadon als vielmehr um das *Wie* und *Bei wem*.

Haben die westlichen Industrieländer, so müssen wir abschließend fragen, nur die Wahl zwischen einer syndikatisierten Welt unter dem Vorzeichen des modernen Welt-Systems, eines alternativen Welt-Systems, das eine stärkere Integration politischer und wirtschaftlicher Entscheidungsebenen anstrebt, oder einer Welt-Gesellschaft, in der eine politische Kommandozentrale die wichtigsten Fäden zieht? Die Welt-Gesellschaft ist nicht nur utopisch, sie würde auch zum Aufbau einer enormen Bürokratie führen und George Orwells Horrorvision eines Überwachungsstaates nahekommen. Das alternative Welt-System scheidet ebenfalls aus, das mißlungene Experiment einer sozialistischen Gesellschaft ist zu frisch und zu abschreckend, als daß viel Vertrauen in eine derartige Lösung investiert werden würde.

Es bleibt, so scheint es, die erste Version - nicht zuletzt deshalb, weil die Drogenbosse - auch wenn sie allen Grund hätten, Cocas Fluch zu vollstrecken - nicht beabsichtigen können, den Ast des modernen Welt-Systems, auf dem sie bequem Platz finden, abzusägen. Die Kuh, die man melken will, schlachtet man nicht. Schlachten sie sie dennoch, dann wird die Warnung des englischen Sozialtheoretikers des 17. Jahrhunderts, Thomas Hobbes, daß ohne eine starke staatliche Autorität ein Krieg aller gegen alle ausbrechen werde, doch noch bittere Realität. Die Kriege der Jugendbanden in amerikanischen Städten, die Familienkriege der Camorra, der N'drangheta und der Cosa Nostra oder die Auseinandersetzungen der Drogenkartelle um Markt und Macht in allen Erdteilen sind nicht nur Vorboten, sondern bereits Teil dieser Wirklichkeit.

BENUTZTE LITERATUR

AMENDT, G. (1990): Sucht, Profit, Sucht. Reinbek bei Hamburg: Rowohlt Taschenbuch Verlag GmbH.

AMNESTY INTERNATIONAL JAHRESBERICHT 1991 (1991). Frankfurt/M.: Fischer.

ASCHENBRANDT, Th. (1883): Die physiologische Wirkung und Bedeutung des cocain muriaticum auf den menschlichen Organismus. In: Deutsche med. Wochenschrift (9. Jg.), Nr. 50/1883.

BANDOW, D. (1992): Dealing with Legalization. In: Dialogue, Bd. 98, Nr. 4/1992, S. 58, 60ff.

BAUTISTA, M. (1990): Europas "weiße" Weste. In: Koka-Kokain, München 1991, S. 227ff.

BEKE-BRAMKAMP, R. (1992): Die Drogenpolitik der USA, 1969-1990, unter besonderer Berücksichtigung ihrer Auswirkungen auf die Bundesrepublik Deutschland und den europäischen Einigungsprozeß. Baden-Baden: Nomos Verl.-Ges..

BENN, G. (1959): Gesammelte Werke. Wiesbaden: Limes Verlag.

BENSINGER, P. B. (1991): Herr der Drogen setzt sich durch. In: Die Zeit, Nr. 30/1991, S. 35.

BENTLEY, W. H. (1880): Erythroxylon Coca in the Opium and Alcohol Habits. Detroit Therapeutic Gazette Jg. 6 (1), Nr. 9/1880.

BITTERLI, U. (1992): Die Entdeckung Amerikas: Von Kolumbus bis Alexander von Humboldt. 2. Auflage. München: C. H. Beck.

BOSSONG, H. u. H. STÖVER (Hrsg.) (1992): Methadonbehandlung: Ein Leitfaden. Frankfurt/M.; New York: Campus.

BRÄUTIGAM, H. H. u. K. KRUSE (1992): Crack-Haus New York: Unterwegs in den Ghettos von Manhattan und Brooklyn. In: Die Zeit, Nr. 3/1992, S. 9ff.

CABALLERO, A. (1987): Legalisiert die Koka! In: Koka-Koka-in, München 1991, S. 238ff.

CIEZA DE LEON, P. (1554): La chronica del Peru. Madrid: Historia Nr. 16/1984.

COHEN, P. (1987): Cocaine Use in Amsterdam in non deviant Subcultures. University of Amsterdam, Institut voor Wetenschapen der Andragologie. Amsterdam.

CURRIE, E. (1992): The Limits of Legalization. In: Dialogue, Bd. 98, Nr.4/1992, S. 59, 64f.

DAVIS, N. (1976): Die Azteken: Meister der Staatskunst - Schöpfer hoher Kultur. Reinbek: Rowohlt.

DER SPIEGEL Nr. 13/1972: Neue Modedroge: Kokain, S. 153ff.

DER SPIEGEL Nr. 46/1972: Lateinamerika als Umschlagzentrale, S. 146ff.

DER SPIEGEL Nr. 18/1976: St. Moritz ein Drogenplatz? S. 146ff.

DER SPIEGEL Nr. 9/1977: Kokain-Welle droht, S. 85ff.

DER SPIEGEL Nr. 21/1980: Militärs stoppen Koka-Anbau, S. 203ff.

DER SPIEGEL Nr. 20/1981: Die Herrschaft der Drogen-Mafia, S. 161ff.

DER SPIEGEL Nr. 25/1982: Comeback des Kokain, S. 184ff.

DER SPIEGEL Nr. 21/1984: "Charly" auf Straße. Der Bundesrepublik steht eine Kokain-Welle bevor, S. 28ff.

DER SPIEGEL Nr. 31/1985: Kampf gegen die Kokain-Mafia, S. 111f.

DER SPIEGEL Nr. 38/1985: Kokain-Prozesse überziehen US-Baseball- Ligen, S. 230.

DER SPIEGEL Nr. 39/1985: Die Bahamas - Kokain und Korruption im Touristenparadies, S. 149ff.

DER SPIEGEL Nr. 16/1986: Bolivien: Ohne Kokainhandel droht Chaos, S. 175ff.

DER SPIEGEL Nr. 36/1986: Wie wirkt Kokain? S. 202ff.

DER SPIEGEL Nr. 43/1986: Crack - Schnee von morgen, S. 147f.

DER SPIEGEL Nr. 47/1986: Mit "Crack" auf den Gipfel der Welt gelangen, S. 208ff.

DER SPIEGEL Nr. 35/1989: Krieg mit den Kokain-Baronen, S. 120ff.

DER SPIEGEL Nr. 36/1989: Kolumbiens Krieg gegen das Kokainkartell, S. 172ff.

DER SPIEGEL Nr. 37/1989: USA: Halbherziger Drogenplan des Präsidenten, S. 158f.

DER SPIEGEL Nr. 37/1989: Washingtons Drogenzar William Bennett , S. 160.

DER SPIEGEL Nr. 37/1989: Kokainkrieg wider Willen? S. 161ff.

DER SPIEGEL Nr. 45/1989: Medikamente gegen Kokainsucht, S. 299ff.

DER SPIEGEL Nr. 4/1990: Washingtons Bürgermeister tappte in eine Kokainfalle, S. 126f.

DER SPIEGEL Nr. 13/1990: Interview mit dem Drogenbeauftragten William Bennett, S. 214ff.

DER SPIEGEL Nr. 15/1990: Der Krieg im Drogenkrieg, S. 187ff.

DER SPIEGEL Nr. 24/1990: Die Ohmacht der amerikanischen Polizei und Justiz im Kampf gegen die Drogen, S. 140ff.

DER SPIEGEL Nr. 28-29/1990: Serie: Die kriminelle Erfolgsbranche der Dealer.

DER SPIEGEL Nr. 35/1990: Mordmetropole Medellín, S. 171ff.

DER SPIEGEL Nr. 30/1991: Siegeszug des Cali-Kartells, S. 147ff.

DER SPIEGEL Nr. 2/1992: "Wie Dr. No": Südamerikas Drogenbosse streben auch im Westen nach der Macht - dieses Ziel unterstellen ihnen Geheimdienstler, S. 125f.

DER SPIEGEL Nr. 9-11/1992: Serie: "Dreckiges Geld, saubere Helfer": Wie die Gangster-Syndikate in aller Welt ihre Drogenmilliarden waschen.

DER SPIEGEL-SPEZIAL Nr. 1/1989: Geißel Rauschgift: Die Spiegel- Serie über die Drogensucht. Hrsg. von der Spiegel-Verlag Rudolf Augstein GmbH & Co. KG, Hamburg.

DIEBÄCKER, J. (1989): Schon Babys schreien nach Kokain. In: Rheinische Post, Nr. 287/1989.

DIE WELT v. 30.11.1992: Im Krieg gegen die Mafia beginnt eine neue Schlacht. Interview mit William Sessions, Chef des amerikanischen Bundeskriminalamtes FBI, S. 9.

DIE WELT v. 17.09.1993: Dschingis-Khans Erben: Das Zeitalter der Kriegsherren beginnt, S. 8.

DIE ZEIT Nr. 37/1992: Mord-Rekord, S. 1.

DOYLE, A. C. (1904): Das Zeichen der Vier. Stuttgart: Lutz.

DUZAN, M. J. (1989 u. 1990): Solidarität, die tötet. Drei Kommentare. In: Koka-Kokain, München 1991, S. 193ff.

EDDY, P. u.a. (1989a): Der Kokainkrieg: Die Kolumbien-Miami-Connection. Wien: Hannibal.

ders. (1989b): Die Koks-Paten. In: Wiener, Nr. 7/1989, S. 63ff.

ENDRISS, R. u. K. MALECK (1986): Betäubungsmittelstrafrecht. München: Beck.

ERHARDT, E. (1990): Kokain-Lagebericht. Bestandsaufnahme der aktuellen polizeilichen und wissenschaftlichen Erkenntnisse. In: Keup, W., Kokainmißbrauch in der Bundesrepublik Deutschland, Wiesbaden 1990, S. 9ff.

ders. (1993): Die Unterschätzung des Kokainproblems. Neue Erkenntnisse zum Gefährdungs- und Abhängigkeitspotential von Kokain. In: Erhardt, E. u. H. Leineweber (Hrsg.), Drogen und Kriminalität, Wiesbaden 1993, S. 83ff.

ERLENMEYER, A. (1887): Die Morphiumsucht und ihre Behandlung. Berlin.

FABIAN, R. (1991): Christoph Kolumbus: Der schreckliche Entdecker. In: Stern, Nr. 46-48/1991.

FRANKFURTER RUNDSCHAU Nr. 165/1993: Zahl der Drogentoten um knapp ein Viertel zurückgegangen, S. 22.

FREESE, P. (1990): Kokain. In: Andere Zeitung, Nr. 173/1990, S. 10ff.

FREUD, S. (1884): Über Coca. In: Täschner/Richtberg, Koka und Kokain, Köln 1988, S. 213ff.

GERMUND, W. u.a. (1989): Blüte auf dem Schnee. In: Die Zeit, Nr. 36/1989, S. 9ff.

GERMUND, W. (1990): Mord für 400 Dollar. In: Die Zeit, Nr. 44/1990, S. 90.

GOMEZ, A. P. (1988): Der Gebrauch von Kokain: Einige Bemerkungen zu seiner Auswirkung und Behandlung. In: Bildung & Erziehung Vol. 41 (1988) 2, S. 139ff.

GONZALEZ, R. (1990): Koka für Entwicklung: Interview mit dem bolivianischen Präsidenten Paz Zamora. In: Koka-Kokain, München 1991, S. 35ff.

GRAMCKOW, H. (1990): Die Drogenpolitik der Bush-Administration und die Entwicklung des Drogenproblems in den USA. In: Aus Politik und Zeitgeschichte, B 42/1990, S. 28ff.

GUGLIOTTA, G. u. J. LEEN (1989): Die Kokainbosse: Der schockierende Tatsachenbericht über den Aufstieg des kolumbianischen Drogenkartells. Bergisch Gladbach: Lübbe.

GUNKELMANN, M. (1989a): Kokain: Die Substanz und ihre Wirkungsweise. In: Drogen und Drogenpolitik, Frankfurt/M.; New York 1989, S. 354ff.

dies. (1989b): Zur Geschichte des Kokains. In: Drogen und Drogenpolitik, Frankfurt/M.; New York 1989, S. 359ff.

HABERLAND, W. (1973): "Moctezuma II. (Montezuma)." In: Fassmann, K. u.a. (Hrsg.), Die großen der Weltgeschichte, Bd. IV., München 1973, S. 615ff.

HAFNER, G. M. und K. TAYLAN (1988): Zum Beispiel Cocain. Göttingen: Lamuv.

HALEY, A. (1976): Roots: The Saga of an American Family. New York: Dell.

HAMILL, P. (1986): Das weiße Fieber: Kokain und Korruption in Miami. In: Die Zeit, Nr. 46/1986, S. 41ff.

HATZFELD v., A. (1990a): Der Pate der Kokain-Mafia. In: Cosmopolitan, Nr. 9/1990, S. 38ff.

dies. (1990b): Grünes Gift: Kokainkrieg im Dschungel. In: Cosmopolitan, Nr. 9/1990, S. 47ff.

HAVES, W. u. W. SCHNEIDER (1992): Kontrollierter Gebrauch illegaler Drogen: Forschungsstand und Konsequenzen. In: Drogalkohol, Nr. 2/1992, S. 1ff.

HECKMANN, W. (1987a): Modedroge Kokain? In: Modedroge Kokain? Hamm 1987, S. 7ff.

ders. (1987b): Kokain? - Hilfe! - Vorbeugung und Behandlung. In: Modedroge Kokain? Hamm 1987, S. 42ff.

HENMAN, A. (1981): Mama Koka. Bremen: Verlag Roter Funke.

HERF, H. (1990 u. 1991): 500 Jahre Conquista: Kulturelle Identität und Ausbeutung.
Teil 1: Die Krise um das Kokain und was dahinter steckt. Hrsg. v. der Informationsstelle Kolumbien, Bonn 1990.
Teil 2: Vom Coca zum Kokain: das Beispiel Peru. Hrsg. v. der Informationsstelle Peru e.V., Bonn 1991.

HERMAN, G. (1984): Rock'n'Roll Babylon. München: Heyne.

HESS, H. (1989a): Der illegale Drogenhandel. In: Drogen und Drogenpolitik, Frankfurt/M.; New York 1989, S. 448ff.

ders. (1989b): Schattenwirtschaft & Abenteuerkapitalismus: Über den illegalen Drogenhandel, die Chancen und Kosten der Prohibition und die Vorteile einer alternativen Drogenpolitik. In: Neue Kriminalpolitik, Heft 2/1989, S. 24ff.

HESSISCHE KOMMISSION "KRIMINALPOLITIK" (1991): Entkriminalisierungsvorschläge der hessischen Kommission "Kriminalpolitik" zum Betäubungsmittelstrafrecht. Hessisches Ministerium der Justiz.

HILPERT, R. (1989): Kokain löst Tabak als Schmuggelware ab. In: WAZ, Nr. 244/1989.

HOFFMANN, K. D. (1990): Kokainproduktion und Unterentwicklung. In: Vorgänge: Zeitschrift für Bürgerrechte und Gesellschaftspolitik, Nr. 6/1990, S. 17ff.

ders. (1992): Washingtons "war on drugs" in den Andenstaaten: Einstieg an der falschen Front. In: Vorgänge: Zeitschrift für Bürgerrechte und Gesellschaftspolitik, Nr. 4/1992, S. 70ff.

HOLST, E. (1989): USA - Wo schon Babys süchtig sind. In: Stern, Nr. 37/1989, S. 20f.

HORVATH, D. u. W. METZNER (1990): Wo die Drogen-Profis sich bedienen. In: Stern, Nr. 46/1990, S. 172ff.

JÄGER, M. (1991): Die Jagd nach den Koks-Milliarden. In: Tempo, Nr. 7/1991, S. 84ff.

KARNOFSKY, E. (1991): Mit Verbrechen gegen Verbrecher. In: FAZ, Nr. 208/1991, S. 11.

KERSTING, F. G. (1992): Coca ist nicht Kokain: Wie aus einer alten Kulturpflanze eine weltweite Bedrohung wurde. Misereor-Materialien für die Schule Nr. 16 - Werkstattreihe. Hrsg.: Bischöfliches Hilfswerk Misereor e.V.. Aachen.

KEUP, W. (1987): Kokain - Aktueller Mißbrauch, Forschung, Ausblick. In: Modedroge Kokain? Hamm 1987, S. 16ff.

ders. (1990): Kokainmißbrauch in der Bundesrepublik. Mit einem Kokain-Lagebericht von E. Erhardt. Hrsg. v. Bundeskriminalamt, Wiesbaden.

KILIAN, M. (1990): Frauen-Droge Crack: Über Crack-Frauen und Crack-Kinder in den USA. In: Der Spiegel, Nr. 7/1990, S. 166ff.

KLARE, H.-H. (1990): Lazarett im Straßenkrieg. In: Stern, Nr. 18/1990, S. 84ff.

KOKA-KOKAIN: REPORTAGEN, ANALYSEN UND DOKUMENTE AUS DEN ANDENLÄNDERN (1991): Hrsg.: Ciro Krauthausen. München: Raben-Verlag.

KOLLER, K. (1884): Über die Verwendung des Kokains zur Anästhesierung am Auge. In: Wiener med. Wochenschrift 34 (1884).

KOZEL, N. J. u. E. H. ADAMS (1985): Cocaine Use in America, NIDA Research Monograph Series No. 61/1985.

KREUZER, A. u.a. (1991): Beschaffungskriminalität Drogenabhängiger. Hrsg. v. Bundeskriminalamt, Wiesbaden.

KRIEG DEM RAUSCHGIFT Nr. 2/1990. Hrsg. von der Anti-Drogen-Koalition. Wiesbaden.

KRIENER, M. u. W. SALLER (1993): Die mit der Pille tanzen. In: Die Zeit, Nr. 37/1993, S. 13ff.

LADEWIG, D. u. O. HERSCHE (1981): Wie wirkt die Modedroge Kokain? In: Moderne Medizin, Nr. 9/1981, S. 918f.

LEGGEWIE, C. (1993): Druck von rechts - Wohin treibt die Bundesrepublik? München: C. H. Beck.

LEINEWEBER, H. u. E. ERHARDT (1993): Der Mißbrauch von Kokain. Bericht über eine Untersuchung der Konsum-, Handels- und Beschaffungsmuster von Kokain in Deutschland. In: Erhardt, E. u. H. Leineweber (Hrsg.), Drogen und Kriminalität, Wiesbaden 1993, S. 67ff.

LEWIN, L. (1980): Phantastica. Linden.

LOTH, H. (1981): Sklaverei: Die Geschichte des Sklavenhandels zwischen Afrika und Amerika. Wuppertal: Hammer.

MANNSFELD, J. (1982): Bogotá-Connection: Kolumbien - Karibik - Florida; auf den Spuren der größten Rauschgiftorganisation der Welt. Frankfurt/M.: Eichborn.

MANTEGAZZA, P. (1859): Sulle virtù igieniche e medicanli della coca. Mailand.

MARIANI, A. (1890): Coca and its therapeutic applications. New York.

MARUHN, S. (1989a): Kampf gegen Drogen gilt Koka-Bauern und Yuppies. In: WAZ, Nr. 205/1989.

ders. (1989b): Washington bleibt Mordhauptstadt. In: WAZ, Nr. 290/1989.

McCOY, A. W. (1981): Die historischen Ursachen der Drogensucht am Beispiel Australiens. In: Der Spiegel, Nr. 32/1981, S. 141ff.

MERMELSTEIN, M. (1991): Der Mann mit dem Schnee. Ein Insider des Drogen-Kartells packt aus. Kiepenheuer und Witsch.

METZNER, M. M. (1993): "Es ist, als würden sie unter Strom stehen." Rauschgiftsucht in den USA: Crack-Babys werden schon in der Schwangerschaft geschädigt. In: Frankfurter Rundschau v. 22.05.1993.

METZNER, W. und B. G. THAMM (1989): Drogen. Hamburg: Stern-Buch im Verlag Gruner + Jahr AG & Co.

MEYER-LARSEN, W. (1986): Gefährlich wie die Seuchen des Mittelalters: "Crack". In: Der Spiegel, Nr. 25/1986, S. 193ff.

MODEDROGE KOKAIN? Tatsachen, Tendenzen, Theorien (1987): Wofgang Heckmann u.a.. Hrsg.: Katholische Sozialethische Arbeitsstelle. Hamm: Hoheneck.

MÜNCH, R. (1991): Dialektik der Kommunikationsgesellschaft. Frankfurt/M.: Suhrkamp.

MURPHY, S. B. et. al. (1989): An 11-year Follow up of a Network of Cocaine User. In: British Journal of Addiction, No. 84/1989, p. 427ff.

NIEMETZ, A. (1990): Die Kokain-Mafia: Deutschland im Visier. München: Bertelsmann.

NIESS, F. (1992): Am Anfang war Kolumbus. Die Geschichte einer Unterentwicklung - Lateinamerika 1492 bis heute. 2. Auflage. München: Piper.

OSTERMANN, D. (1993): Zum Kokain gibt's die Orange gratis. In: WAZ, Nr. 185/1993.

PARSONS, T. (1993): Mein Leben am Abgrund (Interview mit David Bowie). In: Tempo, Nr. 4/1993, S. 20ff.

PETERSEN, R. C. (1979): Cocaine - Statement before the select committee on narcotic abuse and control, House of Representatives, July 24/1979.

PITIGRILLI (1921): Kokain. Berlin: Eden, 1927.

PÖPPIG, E. (1835/36): Reise in Chile, Peru und auf dem Amazonenstrome während der Jahre 1827-1832, 2 Bde. Leipzig.

POLIZEILICHE KRIMINALSTATISTIK 1990 (1991): Hrsg. v. Bundeskriminalamt, Kriminalistisches Institut (KI 12), Wiesbaden.

POLIZEILICHE KRIMINALSTATISTIK 1991 (1992): Hrsg. v. Bundeskriminalamt, Kriminalistisches Institut (KI 12), Wiesbaden.

POLIZEILICHE KRIMINALSTATISTIK 1992 (1993): Hrsg. v. Bundeskriminalamt, Kriminalistisches Institut (KI 12), Wiesbaden.

RAITH, W. (1989): Mafia: Ziel Deutschland. Vom Verfall der politischen Kultur zur Organisierten Kriminalität. Köln: Kösler.

REEG, A. R. (1989): Strafrecht in der Drogenpolitik. Was hilft - more of the same oder ein radikales Umdenken? In: Neue Kriminalpolitik, Heft 2/1989, S. 30ff.

REMENTERIA, I. de (1990): Strategie und Aktionsplan zur Substitution des illegalen Kokaanbaus. In: Koka-Kokain, München 1991, S. 64ff.

RESTREPO, L. (1990): Todeskult in Medellín. In: Koka-Kokain, München 1991, S.102ff.

REUBAND, K.-H. (1992): Drogenkonsum und Drogenpolitik: Deutschland und die Niederlande im Vergleich. Opladen: Leske + Budrich.

RHEINER, W. (1918): Kokain und andere Prosa. Dresden: Felix Stiemer Verlag.

RIBEIRO, D. (1985): Amerika und die Zivilisation: Die Ursachen der ungleichen Entwicklung der amerikanischen Völker. Frankfurt/M.: Suhrkamp.

SABBAG, R. (1984): Schneeblind: Report über den Kokainhandel. München: Heyne.

SAHIHI, A. (1989): Designer-Drogen: Die neue Gefahr. Weinheim; Basel: Beltz.

ders. (1990): Die Droge mit dem tödlichen Design. In: Psychologie heute, Nr. 4/1990, S. 64ff.

SARMIENTO, F. u. C. KRAUTHAUSEN (1991): Die Kokainbranche. In: Koka-Kokain, München 1991, S. 83ff.

SCHEFFER, K.-G. (1981): Coca in Südamerika. In: Völger, G. (Hrsg.), Rausch und Realität, Bd. 2, Köln 1981, S. 428ff.

ders. (1989): Coca: Geschichte, traditioneller Gebrauch und Wirkungsweise. In: Drogen und Drogenpolitik, Frankfurt/M.; New York 1989, S. 350ff.

SCHEERER, S. u. I. VOGT (Hrsg.) (1989): Drogen und Drogenpolitik: ein Handbuch. Frankfurt/M.; New York: Campus.

SCHEIDT v., J. (1981): Kokain. In: Völger, G. (Hrsg.), Rausch und Realität, Bd. 1, Köln 1981, S. 398ff.

SCHILLER, U. (1989): Künftig kein Pardon: William Bennett predigt Umdenken. In: Die Zeit, Nr. 38/1989, S. 11.

SCHIVELBUSCH, W. (1990): Das Paradies, der Geschmack und die Vernunft. Eine Geschichte der Genußmittel. Frankfurt/M.: Fischer.

SCHMERL, Ch. (1984): Drogenabhängigkeit - Kritische Analyse psychologischer und soziologischer Erklärungsansätze. Opladen: Westdeutscher Verlag.

SCHMIDBAUER, W. und J. v. SCHEIDT (1986): Handbuch der Rauschdrogen. Erweiterte Neuausgabe. Frankfurt/M.: Fischer.

SCHMIDT-SEMISCH, H. (1990): Überlegungen zu einem legalen Zugang zu Heroin für alle. In: Kriminologisches Journal, Nr. 2/1990, S. 122ff.

SCHWEER, TH. u. H. STRASSER (1991): Kokain: Zur gesellschaftlichen Karriere einer Droge. Duisburger Beiträge zur soziologischen Forschung, Nr. 3/1991.

SELLING, P. (1989): Die Karriere des Drogenproblems in den USA. Eine Studie über Verlaufs- und Entstehungsformen sozialer Probleme. Pfaffenweiler: Centaurus.

SHAPIRO, H. (1989): Drugs & Rock'n'Roll: Rauschgift und Popmusik. Wien: Hannibal.

SIEGEL, R. K. (1977): Cocaine: Recreational Use and Intoxication. In: Petersen, R. C.; Stillmann, R. C. (Hrsg.), Cocaine 77. NIDA. Research Monograph Series Nr. 13, Rockville 1977.

SOER v., J. u. I. STRATENWERTH (1991): Süchtig geboren: Kinder von Heroinabhängigen. Hamburg: Rasch und Röhring.

SORGE, H. (1989): Arbeitslager für Drogensüchtige in den USA. In: Der Spiegel, Nr. 44/1989, S. 202ff.

ders. (1990): "Für Angst bleibt keine Zeit": Über die Ohmacht der amerikanischen Justiz im Kampf gegen die Drogen. In: Der Spiegel, Nr. 24/1990, S. 140ff.

SPOTTS, J. V. und F. SHONTZ (1981): Forschungsergebnisse zum Kokaingebrauch. In: Völger, G. (Hrsg.), Rausch und Realität, Bd. 2, Köln 1981, S. 792ff.

SPRINGER, A. (1989): Kokain: Mythos und Realität. Eine kritisch dokumentierte Anthologie. Wien: Brandstätter.

STERN Nr. 37/1989: Drogenkrieg: Kolumbien - Die Männer, die uns Tod bringen, S. 10ff.

STERN EXTRA (1993): Drogen. In: Stern, Nr. 29/1993, S. 69ff.

STOFFERS, M. (1987): Die Kokainwelle - Tatsache oder Menetekel? In: Modedroge Kokain? Hamm 1987, S. 36ff.

STONE, N. u.a. (1990): Leistungsdroge Kokain: Szenen-Report und Ausstiegshilfen. Weinheim; Basel: Beltz.

STÜHRENBERG, M. (1989): Der Stoff, aus dem die Träume sind. Das kolumbianische Medellín-Kartell treibt die Kokain-Produktion in die Höhe. In: Die Zeit, Nr. 21/1989, S. 13ff.

SÜNDER, H. (1987): Die Drogenszene. Stoff, Sprache, Therapie, Chancen, Adressen, Fälle. München: Nymphenburger.

TÄSCHNER, K.-L. (1987): Naturwissenschaftliche und medizinische Daten zum Kokain. In: Modedroge Kokain? Hamm 1987, S. 30ff.

TÄSCHNER, K.-L. und W. RICHTBERG (1982): Kokain-Report. Wiesbaden: Akademische Verlagsgesellschaft.

dies. (1988): Koka und Kokain: Konsum und Wirkung. 2., erweiterte Auflage. Köln: Deutscher Ärzte-Verlag.

THAMM, B. G. (1980): Zur Kokainsituation in der Bundesrepublik Deutschland mit Berlin (West). In: Soziale Arbeit, Nr. 6/1980, S. 241ff.

ders. (1984): Schnee von morgen. In: Psychologie heute, Nr. 10/1984, S. 56ff.

ders. (1986): Andenschnee: Die lange Linie des Kokain. Basel: Sphinx.

ders. (1988): Drogenreport: Und nun auch noch Crack? Bergisch Gladbach: Lübbe.

TSCHUDI v., J. J. (1846): Reiseskizzen aus den Jahren 1838-1842. Graz: Akademische Druck- und Verlagsanstalt, 1963.

VOIGT, H. P. (1985): Zum Thema: Kokain. 2. Auflage. Basel: Sphinx.

VOLGER, G. (1990): Kokainhandel in Lateinamerika. In: Aus Politik und Zeitgeschichte, B 42/1990, S. 3ff.

WALLERSTEIN, I. (1974): The Modern World-System. New York: Academic Press.

WAZ Nr. 9/1990: UNO: Drogenmafia greift nach politischer Macht.

WAZ Nr. 100/1991: Mehr Verbrechen in den USA.

WAZ Nr. 41/1992: Süchtiger begeht pro Tag vier Straftaten.

WAZ v. 03.07.1993: Bundestag verabschiedet "Geldwäschegesetz".

WERTHEBACH, E. (1993): Internationale Verflechtungen und Möglichkeiten der Bekämpfung der Organisierten Kriminalität. In: Politische Studien, Sonderheft 3/1993, S. 59ff.

WIELAND, L. (1990) "Wir haben den Feind gesehen - und wir sind es selbst". Erste Erfolge in Amerikas "Krieg gegen das Rauschgift". In: FAZ, Nr. 22/1990, S. 11f.

ders. (1993): Amerikas verlorener Krieg. In: FAZ, Nr. 133/1993.

WIESENTHAL, S. (1991): Segel der Hoffnung. Christoph Kolumbus auf der Suche nach dem gelobten Land. Berlin: Ullstein.

ÜBER DIE AUTOREN

Thomas Schweer, 1961, studierte Soziologie und Politikwissenschaft an der Universität Duisburg. Seine Diplomarbeit behandelte das Thema "Kokain: Zum Stigma und Charisma einer Droge". Sein wissenschaftliches und gesellschaftspolitisches Interesse gilt sozialpolitischen und kriminologischen Fragen sowie dem Phänomen des abweichenden Verhaltens. Er ist z. Zt. Wissenschaftlicher Mitarbeiter in einem Forschungsprojekt über Langzeitarbeitslose an der Universität Duisburg.

Hermann Strasser, 1941, studierte Nationalökonomie an der Universität Innsbruck und an der Freien Universität Berlin sowie Soziologie an der Fordham University in New York. Nach der Promotion zum Dr. rer. oec. (1967) und Ph.D. (1973) Habilitation an der Universität Klagenfurt und seit 1978 o. Professor für Soziologie an der Universität Duisburg. Neben zahlreichen Aufsätzen in einschlägigen Fachzeitschriften des In- und Auslandes ist er Autor und Herausgeber von vielen Büchern über soziologische Theorien, gesellschaftlichen Wandel und soziale Ungleichheit. Sein besonderes Interesse gilt der Frage, wie sich gesellschaftliche Veränderungen und soziale Unterschiede in individuellen und institutionellen Biographien niederschlagen.

GPSR Compliance

The European Union's (EU) General Product Safety Regulation (GPSR) is a set of rules that requires consumer products to be safe and our obligations to ensure this.

If you have any concerns about our products, you can contact us on ProductSafety@springernature.com

In case Publisher is established outside the EU, the EU authorized representative is:

Springer Nature Customer Service Center GmbH
Europaplatz 3
69115 Heidelberg, Germany

Batch number: 10809466

Printed by Printforce, the Netherlands